JN218742

実践
仮説思考2.0

Hypothesis
Thinking_2.0

中野崇 Takashi Nakano

すばる舎

はじめに

あらゆるビジネスがデジタル化しています。

米Ｃｉｓｃｏによれば、世界の月間トラフィックは２０１１年の31エクサバイトに対して、２０２０年には１９４エクサバイトになると予測されています。

１エクサバイトは１兆メガバイトですから、２０２０年には約２００兆メガバイトのデータが流通している計算で、私たちの想像をはるかに超えるデータ量です。

通信回線の改善によって、映画・動画・音楽などの大容量コンテンツを、いつでも・どこでも視聴できます。

センサー技術の進化によって、自動車・家電・交通などの身近な商品やサービスにおいてＩｏＴ（Internet of Things）が実現しつつあり、物理空間とデジタル空間の融合はさらに加速していくでしょう。

私たちの日常のあらゆる行動がデータ化しています。企業は、ビジネスのデジタル化によって爆発的に増加するデータの利活用に注力しています。

このような大量データのすべてが有効なわけではありません。欠損だらけで使えないデータも多く、データの選別・整理・統合などが重要になっており、データ量が膨大すぎて分析する人間のスキルが追いついていません。

アナリストやリサーチャーは慢性的に人手不足です。したがって企業はＡＩやＲＰＡ(Robotic Process Automation：ホワイトカラーの間接業務を自動化するコンピュータプログラム)などに投資して、データ分析業務を機械に置き換える努力を始めています。

現時点では、ビジネス背景や消費者心理を加味したデータ分析や解釈を、ＡＩやＲＰＡが代替することはできません。しかし、単純作業やパターン化された集計・解析業務であれば、ＡＩやＲＰＡのほうが圧倒的に速く、正確に処理できる時代になって来ました。

データ分析に限らず、マニュアルどおりの接客やオペレーション、示唆のない定型化されたアウトプット作成など、頭を使わず価値を生まない作業は、いずれ機械に置き換わっていくでしょう。機械が人間の仕事を奪いつつあります。

では人間にできて機械にできないことは何でしょうか。

それは、データになっていない物事を「考えること」です。

・店舗スタッフなら、天気・混雑状況・客層の顔ぶれなどによって接客を変えてみる
・リサーチャーなら、データの海に埋もれている生活者の本音を試行錯誤して抽出する
・マーケターなら、生活者の心を揺さぶる顧客体験を徹底的に考える

いずれも文章にしてしまうと簡単に見えてしまいますが、「どうすればよい仕事になるか、どうすれば顧客が満足してくれるかを自らの頭で考え、創意工夫し続ける」というのは、実はとても複雑で難しい作業であり、機械に代替されない領域です。

一方、同じ仕事を漫然と繰り返していると、仕事はどんどんルーティン化します。ルーティン作業は基本的に頭を使わない単純作業が多く、パターン化しやすいため、機械やロボットの大好物です。

私は機械化に反対なわけではありません。むしろ単純作業を巻き取ってもらえるなら、余裕が増え、考える時間も確保でき、心のゆとりが生まれるので大歓迎です。

ただ、「自分が単純作業以外で価値を生めなくなってしまったら…」と考えると恐ろしくて仕方ありません。本書では機械化に怯《おび》えるのではなく、機械化によって生まれる時間を、人間にしかできない創造的な仕事に使えるように、「自らの頭で考える方法」をお伝

えしていきたいと思います。

物事を考える時の出発点には「仮説」が必要です。考える力と仮説思考は切っても切り離せません。「人間は考える葦である」とは、フランスの哲学者ブレーズ・パスカルの有名な言葉ですが、人間を自然の中で最も弱い存在として認めつつ、「われわれの尊厳のすべては考えることの中にあり、考える力を持った人間は宇宙より尊い」という意図が込められていると思います。

翻って、ビジネスシーンで「考える」ということは、単一の絶対解を探そうとするのではなく、自らの頭で最適解を考え出し、ビジネスを進化させていくこと。速さを保ちながら、最適解の量と質を両立させていくことです。

ビジネスのデジタル化によって仕事の高速化は不可逆で不可避になりました。生活者の価値観や好みも今まで以上に速く変化するようになりました。このような現代において、最適解に求められるのは「量×質×スピードの両立」です。本書を通して、読者の皆さまに「考えるきっかけ」を届けられればと思っています。

中野　崇

よい仮説を作るステップ

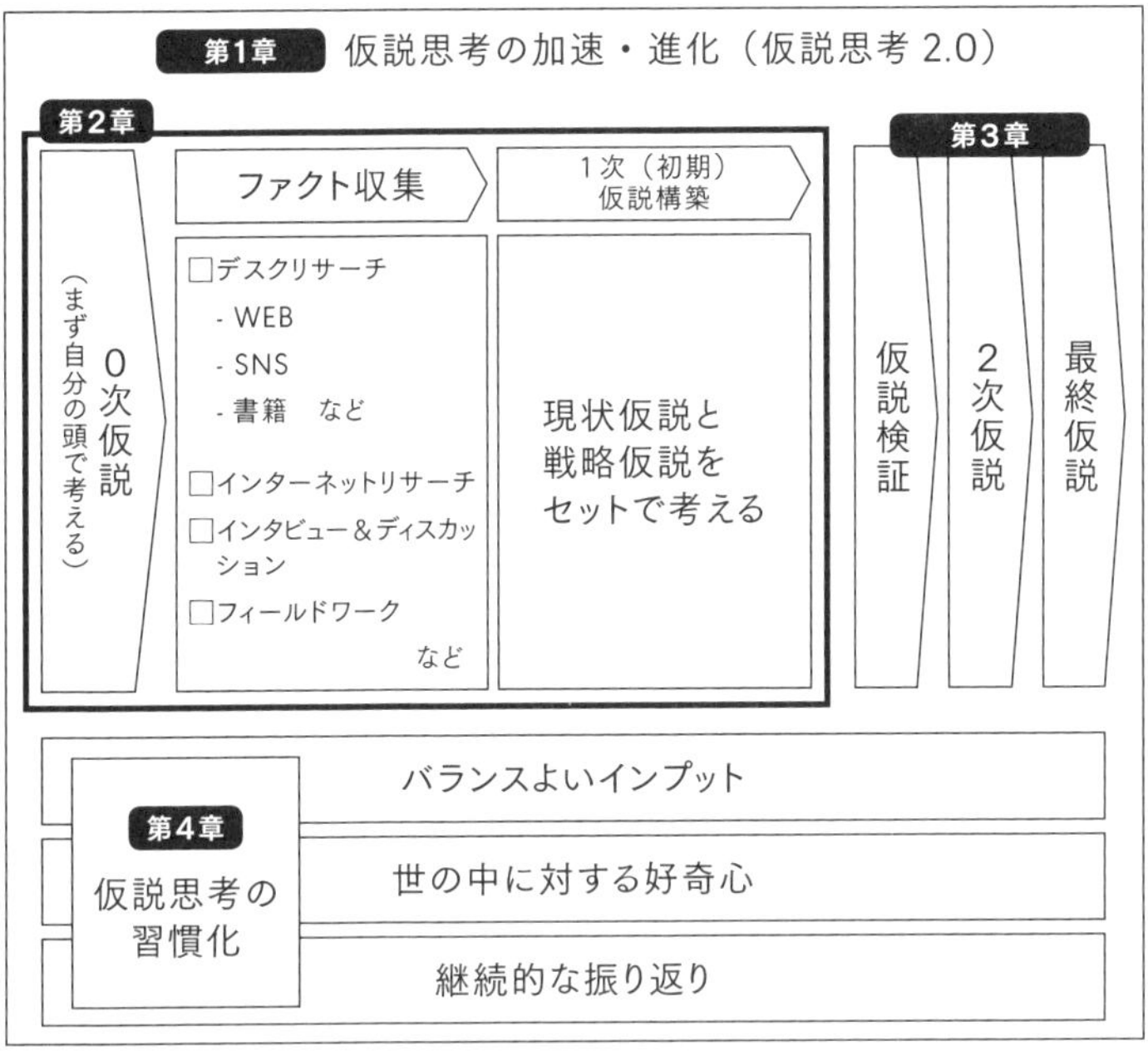

本書の構成：
第1章では、仮説の定義や従来の仮説思考を加速・進化させた「仮説思考 2.0」という考え方についてご紹介し、新しい仮説思考（仮説思考 2.0）が重要になっている理由を説明します。第2章では「よい仮説」を生み出すためのステップや具体的なテクニックについて解説します。よい仮説とはビジネスインパクトが大きい仮説です。第2章の具体的なステップやテクニックが難しく感じられた場合は、第2章を飛ばして第4章を読んでいただき、その後に第2章に戻っていただいても大丈夫です。
第3章では構築した仮説を検証する代表的な方法を紹介し、第4章で仮説思考を習慣化するためのシンプルな取り組みをご紹介します。
目次に目を通すだけでも「仮説思考 2.0」のポイントを押さえられるようにしています。最初にざっと目を通し、新しい仮説思考を体感してみてください。

実践 仮説思考2.0 目次

第1章 仮説思考を加速・進化させる

第2章
ビジネスインパクトのある よい仮説をすばやく構築する

第3章 仮説を検証する

第4章　仮説思考を習慣化する

第 1 章

仮説思考を加速・進化させる

「仮説思考1.0」と「仮説思考2.0」の違い

まず最初に仮説の定義を確認しておきます。

仮説とは「まだ未検証だが、現時点で把握している情報をもとに考える、最善に近い仮の答え」のことです。シンプルに「現時点の仮の答え」と覚えてもよいでしょう。そして常に仮説を持って物事を捉える思考方法を「仮説思考」と呼びます。

私たちは日々、さまざまなビジネスの課題に向き合っています。

「売上が不調な商品のリカバリー案を考えなければならない」
「昨年よりも新卒のエントリー数が減ってしまった」
「顧客満足度が逓減している理由がわからない」

売上が伸びない理由も、新卒のエントリー数が減ってしまった理由も、顧客満足度が低下している理由も、もちろん一つではありません。さまざま要因が複雑に絡まった結果、課題として表出しています。この複雑に絡まった要因を、すべて正確にスピーディーに把握できたら、きっと仮説ではなく「答え」が手に入ることでしょう。ただ実際のビジネスにおいては、すべての要因を把握している時間はありません。

また仮に時間が十分あったとしても、すべての要因を正確には把握できません。どこまで行っても結局、部分的な情報で答えを導かなければならないのです。

このような時に役立つのが仮説思考です。

「売上が不調なのは競合比較で割高感があるからだろう。同スペックで価格が低めの競合商品はきっと売上が好調に違いない」

「エントリー数が減ったのは業界自体の人気がそもそも下がっているからだろう。おそらく同業界他社も苦戦しているはずだ」

「顧客員満足度が逓減しているのは、営業担当の新人比率が高まっていて、顧客要求を満たせる提案ができなくなっているからだろう」

これらはすべて仮説であって、正解かどうかはわかりません。しかしそれでよいのです。こうした仮説をどんどん生み出すことができれば、その検証を通して現状認識がシャープになっていきます。

このように、現状や課題に対する認識を仮説構築と仮説検証を通して深めていく思考法を本書では「仮説思考1.0」と呼びます

変化の激しい現代に求められる「仮説思考2.0」とは

現代は価値観が多様化し、加えて変化のスピードが速い時代です。ソニー生命保険が2017年4月に公開した「中高生が思い描く将来についての意識調査2017」で男子中学生が将来なりたい職業のベスト3は、1位：ITエンジニア・プログラマー、2位：ゲームクリエイター、3位：YouTuber（ユーチューバー）でした。

一方、2009年の別調査では野球選手・サッカー選手・芸能人がなりたい職業の上位3位です。この変化を10年前に誰が予測できたでしょうか？

スマートフォンやSNSの爆発的普及、リモートワークやパラレルキャリアなど働き方の多様性、女性の社会進出（厚労省の2017年調査によれば、共働き世帯約1188万世帯に対

して、専業主婦世帯は約641万世帯）など、この5年〜10年で様変わりした事象は数多くあります。そしてこの価値観が高速に変化する事象は、速まることはあっても当面ゆるむことはなさそうです。

YouTuberになりたい男子中学生の気持ちを、30代・40代のビジネスパーソンが本質的に理解することはできません。もっと言えば、数年前の成功体験ですら無価値になってしまうことさえあります。

今、業務効率化を考える際、AIやRPAを選択肢から外すわけにはいきませんが、ビジネスシーンで広く普及し始めたのはここ2〜3年です。AIやRPAの利活用を知らずして業務効率化やBPR（Business Process Reengineering）を語るのは難しくなっています。

過去の経験則や成功パターンがすぐに通じなくなる時代です。ある時期に少し流行したコンテンツやサービスが、膨大な新しいモノ・コト・情報に埋もれて忘れられていくまでに数ヶ月もあれば十分です。

加えて競争環境がグローバル化したことで、世界中の新しくてユニークな商品・サービスが次々と消費者の手に届くようになり、二番煎じの商品や少し機能が改善された程度では消費者の心を捉えられなくなっています。とにかく速く、新しい価値を提供し続けなければ生き残れない時代です。競争相手は「世界」です。

このような時代においては、「現状は◯◯で課題は△△だろう」という現状把握をスピーディに行う「仮説思考1.0」では不十分です。

「現状は◯◯で課題は△△だろう。その中でも特に重要な課題は△△であり、△△を解決するためには□□が有効だろう。」のように、現状と課題の認識・重要課題の特定・解決策の提示を、同時に、スピーディに、大量に、すべて仮説ベースで考えなければ間に合いません。

これを可能にする思考方法が「仮説思考2.0」です。（図1）

「新しい価値」は世の中にヒントはあっても答えは存在していません。仮説思考2.0はヒントを

図1　仮説思考1.0と2.0の違い

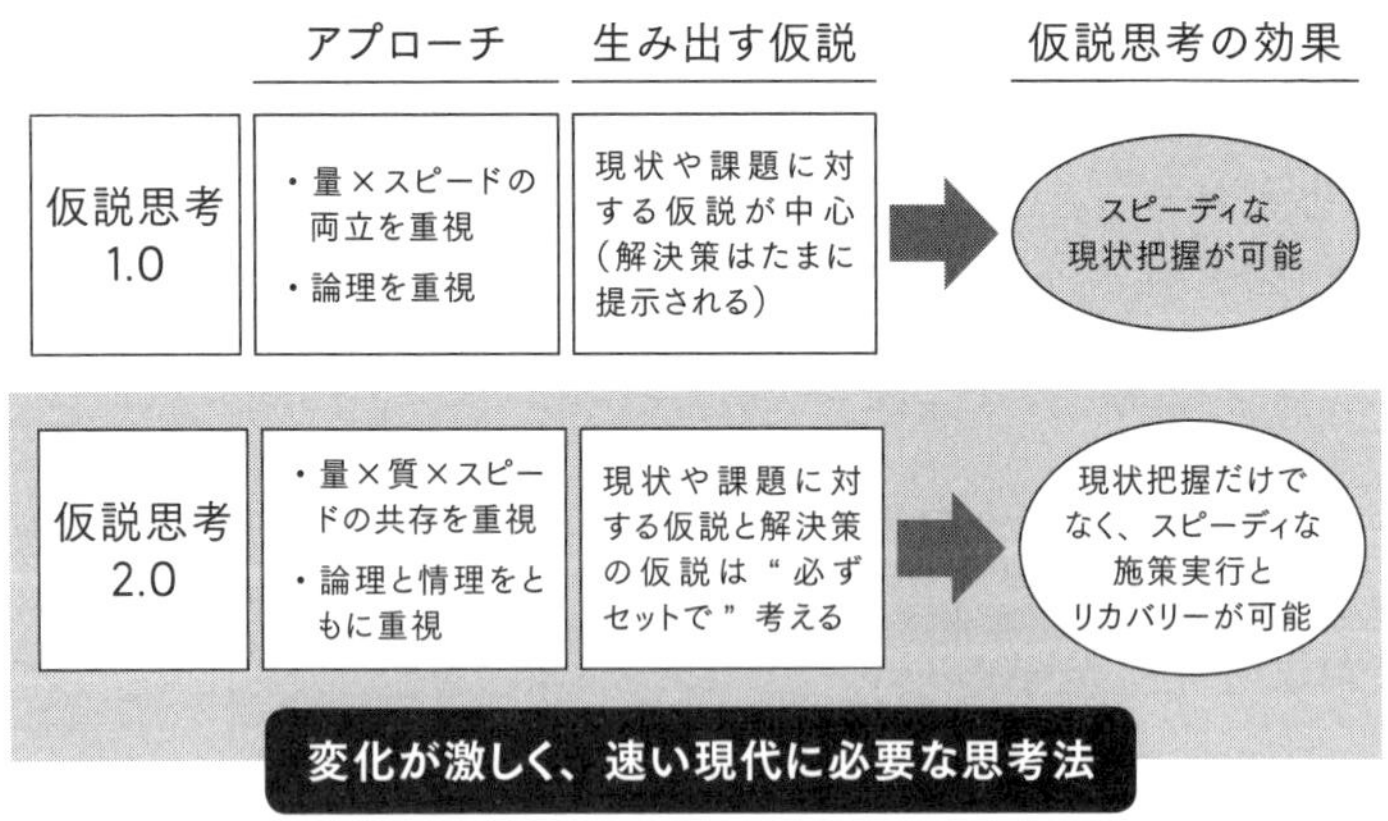

	アプローチ	生み出す仮説	仮説思考の効果
仮説思考 1.0	・量×スピードの両立を重視 ・論理を重視	現状や課題に対する仮説が中心（解決策はたまに提示される）	スピーディな現状把握が可能
仮説思考 2.0	・量×質×スピードの共存を重視 ・論理と情理をともに重視	現状や課題に対する仮説と解決策の仮説は"必ずセットで"考える	現状把握だけでなく、スピーディな施策実行とリカバリーが可能

変化が激しく、速い現代に必要な思考法

もとに自らの頭で仮の答え（新しい価値）を、スピーディに・大量に作り出すアプローチですから、変化の激しい現代だからこそ、より効果を発揮する力といえます。

仮説は「現時点の仮の答え」ですが、仮説には筋のよし悪しがあります。

仮説思考2.0では「筋のよい仮説」を、速く生み出すことにもこだわります。

筋の悪い仮説でも検証を繰り返すことで質は高まっていきますが、検証を繰り返すだけ時間がかかります。世界の競合よりも速く・新しい価値を生み出す必要がある現代においては、そのロスが機会損失につながるリスクがあります。

仮説思考2.0のメリット

仮説思考2.0のメリットをもう少し深掘りすると、大きく三つあります。

仕事のスピードが飛躍的に上がり、生産性が劇的に高まる

仮説思考2.0は筋のよい仮説をスピーディーに、大量に作り出すアプローチですから、仮説すら持たずに情報収集をひたすら続けている人が情報の海に溺れ始める頃、仮説思考2.0の人は、数多くの正しい仮説と正しくない仮説の検証結果を手にしているでしょう。

「仮説が間違っていた（棄却された）」ということも非常に重要な情報です。棄却された仮説に関連する情報収集や検討は、いったん「優先度を落としてよい」と判断できるため、ムダな時間を削減できます。

正しいと証明された（支持された）仮説であれば、その仮説をさらに深めて検証することで、より本質的な答えに迫ることができます。

仮説思考を使いこなせる人は、ある課題や解決策に対する仮説を、一つではなく常に複数持っておくことができるため、仮説の検証結果が棄却であっても支持であっても、ビジネスをより速く、大きく前進させることができます。

さらに、仮説思考2.0で生み出す筋のよい仮説は検証が少なくてすむので、仕事が速く進み、停滞しません。結果的に仕事の生産性が大きく高まります。

アウトプットの質が高まり、説得力が増す

仮説思考2.0はアウトプットの質も高めます。元来、仮説は必ず検証されるべきものです。検証を通して仮説を支持するか棄却するかを決めていきますが、正確な検証は多面的に行われるため、検証を通して得られた新しい仮説や解決策は、検証を重ねた分だけ根拠が厚くなります。

根拠に厚みがある解決策や提案は説得力がありますし、「アウトプットの質が高い」と評価されるでしょう。

アウトプットの質を決める要因は、重要課題の特定と解決策それぞれの精度です。無数にある課題の中で重要課題をすばやく特定し、有効な解決策の提示と実行を推進できる人はビジネスインパクトの大きな成果を残すことができます。

すばやく課題を解決するが重要課題にアプローチしていない人、重要課題にアプローチしているが有効な解決策を提示していない人のアウトプットは、質が高いとは言えません。

アウトプットの質が高い人材は高い評価を獲得し、周囲からも信頼されるので、多くのビジネスチャンスに恵まれます。

マネジメント力が向上する

もし、あなたが管理職やプロジェクトマネージャー（PM）として、組織やプロジェクトをマネジメントする立場であれば、仮説思考2.0はマネジメント力をより一層、高めることにも役立ちます。

管理職やPMにはさまざまな役割がありますが、共通する役割として「業務の進捗管理」が挙げられます。誰が・何を・いつまでに遂行するのか・どうやって遂行するのかなどを、WBS（Work Breakdown Structure）を書いて管理する人も多いでしょう。

このWBSを初期段階で精度高く描けるかどうかはマネジメントにおいて非常に重要ですが、ここにも仮説思考2.0は役立ちます。

具体例を挙げてみましょう。とにかくビジネスでは不測の事態が起きます。皆さんも「今週はこれを終わらせよう！」と計画していたにもかかわらず、週末になって振り返れば、「突発対応ばかりで計画の半分も業務が終わらなかった…」ということはよくあると思います。

マネジメント力が高い人は、この不測の事態・突発対応を、予《あらかじ》め仮説として予測し、計画に組み込んでおきます。この予測を立てる場合の選択肢や対応策の幅が決定的に違ってくるわけです。

例えば、通常なら数日の確認で終わる重要事項があり、確認者は多忙な役員のAさんだったとします。そして、その重要事項の確認が、役員Aさんの繁忙期の直前に設定されていた場合、その計画はきっと遅れるでしょう。たいていの計画は少しずつスケジュールが押していきますから、計画時点では繁忙期の直前だったとしても、実際には繁忙期と完全に重なってしまうものです。

このような場合に「各業務の計画がきっと少しずつ遅れ、その結果、重要事項の確認がAさんの繁忙期になるだろう。その確認が滞ると業務全体のスケジュールが大幅に遅れてしまうリスクがある」と考えることは仮説思考1.0です。

仮説思考2.0では「現状と課題の認識・重要課題の特定・解決策の選定を、同時に・速く・いくつも、すべて仮説ベース」で、さらに考えを進めます。

前出の例であれば、「役員Aさんの確認を遅らせないこと」が重要課題ですから、その解決策として「全体スケジュールを数週間前倒しして進めよう」「前倒すためにプロジェクト人員の増加を検討しよう」「いざという時はAさん以外の確認で進められる方法を検討しておこう」というような複数の解決策をすばやく考えます。

このように、起こり得るリスクや問題を予め予測し、その対応策を広く想定しておくことが仮説思考2.0です。仮説思考2.0は優れた段取りを可能にします。

同じく管理職の重要な役割であるモチベーション管理においても、「この業務は山田が得意な業務だからきっと喜ぶだろう」「今の業務の延長では1年後に佐藤は伸び悩むから、今のうちから能力開発を支援してあげよう」というように、将来についても仮説を持ってかかわることで効果的な指導を提供できます。

メンバーマネジメントの際に仮説思考を活用している管理職は、仕事のアサインメントやフォローアップが的確なので部下から信頼されます。多くの部下から信頼されている管理職は、協力者が多いため、物事をダイナミックにスムーズに推進することができます。

毎日がちょっと楽しくなる

少し余談になるかもしれませんが、仮説思考が習慣化すると、ビジネス以外にもちょっとした楽しみが生まれます。それは「世の中に奥行きが生まれる」という楽しみです。

少し前ですが、ライオンが「口臭科学から生まれたNONIO」という歯磨き粉をリリースしました。

例えばあなたが平日朝8時に電車に乗っていて、電車の扉横をふと見ると、そこにはタレントのローラさんが映っているNONIOのサイネージ広告があったとします。広告の背景は水色です。この広告を見た際にあなたは何を思うでしょうか？

「ローラってやっぱり可愛いな」
「へぇ、ライオンが新しい商品を出したのだな」

と、ぼんやりと感想を持つくらいでしょうか。もしあなたに仮説思考が習慣化していたら、きっと次のようなことを自然に考えていると思います。

「ローラさんを起用しているということは、訴求ターゲットは男性20代〜30代かな」
「朝8時の電車広告を出しているということは、コアターゲットは会社員」
「身だしなみに敏感で論理的な会社員には口臭科学の『科学』というコピーが刺さりそう」
「背景色が水色なのは、歯磨き後の爽快感を訴求する工夫かもしれない」

…など。これらはすべて仮説であり、正しいかどうかはわかりませんが、一つの広告に対して仮説を持って眺めるだけで、広告の作り手の意図が感じられるようになります。

広告に対していくつもの仮説を考えていると、まるで作り手と対話している気分になることさえあります。

車内広告だけではなく、目の前に座っている人が読んでいる本のタイトルから「なぜその本を読んでいるのだろう?」と考えてみる。

通勤途中にある工事現場を通りがかったら「この土地にこのタイミングでこの施設を建設するのはなぜだろう?」と考えてみる。

こうしたことを繰り返していると、あらゆる物事・事象の背景や意図が想像できるようになり、世界に奥行きが生まれ、世界がますます立体的に感じられるのです。この現象は知的好奇心がくすぐられて非常に楽しいものです。

少しだけ私の話をさせていただくと、実は仮説思考に目覚めた原体験があります。

今の私は縁あって、従業員約200名の会社の代表取締役を務めながら、執筆やベンチャー企業のアドバイザリーなどを務めさせてもらっていますが、キャリアのスタートは無印良品でした。

根がなまけ者である私は、新入社員時代は毎日同じ(ように見える)仕事をすることや、そもそも毎日働くということが本当に嫌で仕方ありませんでした。生活するためにお金は稼がなければなりませんし、なぜか責任感は人一倍強かったので、仕事に手を抜くこともできません。

それでも「楽をしたい」という気持ちは消えない。そうすると「いかにムダな仕事をしないで責任を果たせるか」ということを突き詰めて考えるようになります。

無印良品時代に一番しんどいと思っていた仕事は、売場変更でした。

店舗スタッフの仕事の裏側はご存知ない方も多いと思いますが、店舗の売場は、実は毎日何かしら変更をしているのです。

トルソー（マネキン）に着せる服を着せ替えたり、POPの位置を変えたり、商品棚の位置を微調整したり。もちろん大胆なレイアウト変更をすることもあります。

無印良品は家具・日用品・洋服・食品など、本当に多くの商品があって、大規模店の品揃えは数千点を超えることもあります。

このバラエティに富んだ品揃えは消費者としては今でも大好きなのですが、売場を作る側は本当に大変です。ある一つのベッドを別の位置に動かすと、その場所を埋める別の商品を持ってきて、またその場所を埋める別の商品を持ってくる…というように、少しの売場変更だけでも大変な労力がかかります。

さらに1回の変更でしっくり来ればよいのですが、たいていはそうもいきません。周囲の商品との調和が取れていなかったり、上司の好みじゃなかったり、品出し（商品を補充する作業のこと）の効率が悪くなってしまったり…。

売場変更後にこのようなことがわかると、また売場変更を繰り返す。この無限ループにはまったら本当に地獄です。この無限ループで終電を逃してしまった時には、石を積んでも積んでも、塔が完成する直前で鬼がやって来て塔を崩すという「賽の河原」を思い出して途方に暮れたものです。

「どんな大規模な売場変更でも1回で決めたい！」

心からそう思った23歳の私は、売場変更によって考慮すべき点を、すべて書き出すことにしました。

・お客様が買い回りしやすいか
・お客様が商品を手に取りやすくなっているか
・本部のSV（スーパーバイザー）や店長が気にするポイントは何か
・スタッフの品出し効率は下がらないか

・スタッフが素敵だと感じてくれる売場か
・他店にはないユニークな売場になっているか
・変更が必要になる他の商品はどのくらいあるか
・売場変更に必要な所要時間はどのくらいか
・途中で仮にトラブルが発生しても終電に間に合いそうか　…などなど。

もちろん、日々の売場変更についてお客様・上司・スタッフの意見をすべて聴いてまわる時間はありませんが、上司やスタッフについては普段のコミュニケーションから、お客様については接客やアンケート結果などからファクト（事実情報）を得ていたので、それらのファクトを整理して「おそらく○○だろう」という仮説を考えていきました。

そうやって多くの仮説をもとに組み立てた売場変更が、きちんと1回で完成し、想定よりかなり速い時間で完了し、そして翌日すぐに売上アップとして結果につながり、出勤してきたスタッフから「中野さん、素敵な売場ですね！」と言われた時のなんとも言えない快感は今でも覚えています。

ちなみにその売場はバーチ材商品を使った、上質でさわやかなリビング・ダイニング提案だったのですが、後日、店舗ラウンドに来たSVからもその売場を褒められ、エリアの好事例として全店に共有されました。思いがけない高評価に驚きましたが、とても誇らしい気持ちになりました。

売場変更に費やした時間は今までで最も少なかったにもかかわらず、ファクトや仮説ベースで丁寧に計画を考えただけで、ここまで結果が変わるとは！

非常に小さな成功体験ですが、仮説思考の重要性を体感したキッカケとして今でも鮮明に覚えています。

これを機会に私はあらゆる仕事を仮説思考で進めるようになり、社員だけでなく経営をマネジメントする現在の立場においても、必ず仮説を考えてビジネスを進めています。

私は飛び抜けた専門スキルを持っている人材ではありませんが、この仮説思考が武器になったおかげで、プレイヤーとしての仕事の質とスピードの両立、マネジメントの質の担保、そして高いビジネスの成功確率を残し続けられていると思います。

野球で言えばホームランバッターではありませんが、どのリーグ・どの球団に行っても確実に3割は打つ、イチロー選手のような人材だと自負しています。（イチロー選手、申し訳ありません！）ヒットを打つには仮説思考が最適です。

仮説思考にはリスクがある？

仮説思考によってビジネスのPDCAが高速で回り、仕事の質が高まる。そして管理職の業務管理・モチベーション管理力が向上するなら、ビジネスの成功確率も高まります。さらに毎日もちょっと楽しくなるなら、身につけない理由はありません。

ところで、「仮説は仮の答えなので、間違っている可能性（リスク）がある。そのリスクを無視して仮説思考で進んでいくのは拙速ではないか」という指摘をもらうことがあります。見当違いな仮説は確かに効率を落とすリスクもあるかと思いますが、それは例外的だと思います。

少し逆説的な説明になってしまいますが、そもそもある程度の情報や思考力がないと「何をどう考えたらよいかわからない」という状態に陥るため、仮説が思いつきません。仮説を思いついている時点で最低限の品質は担保されているとも言えます。

また、仮説検証を繰り返す過程で、正解につながるさまざまなインプットや学びが得られていき、検証を繰り返すたびに仮説の精度は上がっていきます。

この検証による学習効果を考慮すると、最初に見当違いな仮説を立ててしまったとしても、急速に仮説は修正されていくので「拙速」にはなりません。むしろ抜け漏れをなくすために網羅的に情報収集を続け、検証や意思決定のタイミングを遅らせることのほうが、環境変化の激しい現代においては最大のリスクとなります。

何もしないことは退化と同じであり、スピードが速いということが大きな価値となる時代です。仮説思考によってビジネスの意思決定スピードを速めることは、むしろビジネスの成功確率を高めることにつながると言えるでしょう。

仮説思考2.0の基本となる2種類の仮説

ここまでで仮説思考のメリットはおわかりいただけたと思います。ところで、仮説にも種類があることをご存知でしょうか？

一般的に仮説は次の2種類に分類することができます。

- 現状仮説：「現状や課題はこのようになっているのではないか」という仮説
- 戦略仮説：「このような解決策を実行すればよいのではないか」という仮説

ある現状や課題の理解を深める際に「現状は〇〇のような実態になっているのではないか、課題が〇〇なのは△△が原因だからではないか」と考える仮説を現状仮説と呼びます。また、ある物事や課題を解決する方策として「このような解決策を実行すればよいのではないか」と、具体的な解決方法を考える仮説を戦略仮説と呼びます。

仮説思考2.0とは、「現状仮説」と「戦略仮説」の二つを、常にセットで考える思考法のことです。

どんなビジネスであっても、最初に行うべきことは正確な現状把握です。現状が正しく把握できなければ、課題や論点（真に答えるべき問いや検証すべきポイント）を明確にすることができませんから、有効な解決策を導くこともできません。

この現状把握をスピーディーに行う際に必要となるのが現状仮説です。

現状仮説を考えたら次は「このような解決策を実行すればよいのではないか？」という戦略仮説を考えていきます。

戦略仮説は現状仮説を基点にしながら、理想の状態・達成したい目標を具体的に実現するための仮説です。現状仮説・戦略仮説の例を見てみましょう。

■課題1：あなたが営業管理職で、メンバーA君の売上目標が12ヶ月連続未達成
達成したい目標：来月のA君の売上目標を達成させたい

現状仮説の例

・A君の販売商品は低単価商品ばかりで、高単価商品を提案できていないのでは？
・高単価商品を提案できていないのは、商品が複雑で商品理解が不十分だからでは？
・担当顧客内に競合が入り込み出していて、値引きが増えているのでは？
・他の営業よりもアポイント数が少ないため、顧客との関係性が希薄なのでは？
・アポイント数が減っているのは営業活動に疲れてモチベーションが下がっているからでは？

戦略仮説の例

・高単価商品を理解するための個別勉強会を開催すれば売れるようになるのでは？
・商談に積極的に同行し、高単価商品の売り方や対競合のセールストークを見せるのは？
・美味しい食事でも振る舞いながら、じっくり話を聞けばモチベーションが上がる？

・思い切って有給を一週間取らせるのがよい？

■課題2：あなたはウイスキーのマーケティング担当者だが、女性のアルコール飲用実態がわからず、コミュニケーション戦略を決めかねている

達成したい目標：調査で女性のアルコール飲用実態を把握し、ウィスキーの訴求ポイントを明確にしてコミュニケーション戦略コンセプトに落とし込むこと

現状仮説の例

・一番飲まれているアルコールはおそらくワインだが、以前よりもビールや焼酎を飲む女性は増えているのではないか？
・ワインは日持ちしないから結局ボトルを空けるしかないと悩んでいる人が多いのでは？
・レストランやバーでの飲酒より、1人で家飲みの頻度は増えている？

戦略仮説の例

・ビールや焼酎飲用者に対してハイボールの爽快感を伝えれば、トライアル意向が高い

のでは？

・ウイスキーは開栓後も日持ちするので、コストパフォーマンスの訴求は女性にも響くのでは？

・家飲み需要を取り込むために、インテリアとして飾っておける女性受けするボトルのウイスキーにスポットを当てると興味を持ってもらえるのではないか？

現状仮説と戦略仮説をセットで考えておくと、現状仮説が検証された後にすぐアクションを起こすことができるので、ビジネスの推進スピードが極めて速くなります。

冒頭で仮説の定義は「まだ未検証だが、現時点で把握している情報をもとに考える、最善に近い仮の答え」。シンプルにすると「現時点の仮の答え」だとお伝えしました。仮説思考では「今ある情報で考えて、仮の『答えを出す』」という意識づけが非常に重要です。とにかく仮の答えを出すのです。

ただ、いきなり「仮説を出せ」と言われても、何をどう考えればよいかピンと来ない方がいるかもしれません。そこで本章では仮説の作り方、特に筋のよい仮説の作り方を具体的にお伝えしたいと思います。

仮説思考2.0で実践する「よい仮説」の定義

そもそも「よい仮説とは何か？」について考えてみたいと思います。

よい仮説とはシンプルに言えば「ビジネスの成果につながる仮説」です。

ビジネスの成果は最終的には売上や利益の向上につながっている必要があります。売上や利益は大きいほどよいので、大きな成果につながる仮説はよりよい仮説です。

売上・利益の他にも、顧客満足（CS：Customer Satisfaction）・従業員満足度（ES：Employee Satisfaction）・生産性指標の向上などを成果と捉えてもよいと思います。

このような成果につながるよい仮説は、次の四つの要件を満たしていることが理想です。

①仮説が一定のファクト（事実情報）に支えられている

網羅的に情報収集することは不可能ですし、時間と手間がかかり過ぎるのでビジネスにおいては不要です。とはいえ、ファクトの裏づけが全くない仮説は論点がズレていることが多く、解決策につながらないことが多いものです。

そのような考えは仮説でなく単なる「当て推量」です。

時間をかけすぎることなく、スピードと質を両立させながら収集したファクトがベースになっている仮説が、よい仮説の第一条件です。

例えば、大学生と全く接点もなく情報を持っていない40代のマーケターが立てた、「最近の大学生は飲みに行かないし、ゲームやスマホばかりをいじっていてインドア派が多いのだろう」という仮説を信用することができるでしょうか？ 私はできません。

大学生へのインタビューや何らかの調査結果などのファクトを集めるよう指示を出すと思います。

②仮説が目的と論点を押さえていること

仮説の役割は、現状・課題・解決策などをスピーディーに発見していくことですが、仮説が目的や論点（真に答を出すべき問題やイシューとも呼ばれる）からズレており、そもそも課題や解決策を生まないものでは意味がありません。具体的な例を挙げてみます。

例えば「大学生向けのビジネスチャンスを発見したい。そのために現在の大学生のライフスタイルを明らかにする」という課題があったとします。この場合、

「大学生向けのビジネスチャンスを発見したい＝仮説を考える目的」であり、「現在の大学生のライフスタイルを明らかにする＝論点」です。

論点は少しわかりにくい概念ですが、「今答えを出すべきテーマ」だと理解して下さい。このテーマにおいて仮説を考える目的はビジネスチャンスの発見、つまり「大学生がお金を使ってくれるポイントを見つけること」です。

そして、「彼らがいかに過ごし、何に価値を感じて、どのようなことにお金を使っているのか？」というライフスタイルを明らかにすることが論点です。

この目的と論点をともに押さえている仮説がよい仮説です。

・「ファッションなどで自分を着飾ることより、友人と自然体でコミュニケーションする時間（ランチ会・飲み会・家で手軽にホームパーティなど）にお金を使っている？」
・「アウトドアや旅行など外出先での楽しさ追求よりも、家具・インテリアなど家の中の居住空間を快適にしたいと思っている？」
・「恋愛・ギャンブルなどから得られるドキドキやワクワクよりも、みんなで仲よく・

着実にというような、まったり感・安心感に価値を感じている？」

これら仮説はそれぞれ、大学生の日々の暮らしぶりが想像できる仮説（現状仮説）であり、論点を満たしています。また、その仮説をもとに大学生向けのビジネスチャンスのアイデア（戦略仮説）が具体的に考えやすい内容でもあります。

右から順に、自宅で楽しめるクリスマス、ハロウィンなどのパーティグッズセットの販売、家具やインテリアの学割販売、みんなでダラダラできる「ごろ寝カフェ」などです。

反対に次の仮説は目的や論点がズレている仮説と言えます。

・「最近の大学生はゆとり教育の影響で、基礎学力が落ちているだろう」
⇒目的（ビジネスチャンスの発見）も論点（ライフスタイルを考える）も満たしていない。

・「バイトで月に10万円以上稼いでいる学生をターゲットにするのがよいのでは？」
⇒目的にはかすっているが、論点についてはふれられていない（満たしていない）。

③新規性があること

よい仮説には新規性があります。仮説の新規性とは「物事を考える新しい視点を提供している」ということです。現状仮説であれば実態を新しい視点で捉えている、戦略仮説であれば今まで実行されていない新しい解決策が提示されているということです。

新規性は独自性と言い換えてもよいかもしれません。この新規性に求められるレベル感は状況によって異なります。

新規事業や新商品開発の場合は、世の中にまだ提供されていない価値を見つけ出し、その価値を新しい商品・サービスとして具現化していく必要があります。「世の中にまだ提供されていない価値」という高いレベルの新規性が要求されます。

「何年も連絡を取り合っていない友達と気軽にコミュニケーションできる」という価値を提供したFacebookや、「PCと電話を一つのデバイスとして持ち歩く」という価値を提供したiPhoneなどはあまりにも有名です。

一方で、顧客満足度を高める方法・学生の応募者数を増やす方法・営業組織を強くする方法などの課題は、多くの企業が向き合っているテーマであり、参考になる解決策は世の中に数多くあります。解決策は世の中に既に存在しているもので十分で、該当する解決策を見つけ出して社内に応用・適用すればよいわけです。

この場合、仮説の新規性は、社内（所属組織）における新規性というレベルで十分なのです。「世の中にまだない」というレベルの新規性が必要ないケースにもかかわらず、それを追求するのは時間のムダです。新規性のレベル感は使い分ける必要があります。

④具体的なアクションにつながる仮説であること

よい仮説というのは、仮説を深めていけば必ずアクションにつながっていきます。

戦略系コンサルティングファームで使われているという、「空・雨・傘」という有名な思考のフレームワークを参考にしながら考えていきます。

1日の始まり。今日という日を快適に過ごすために出かける前の準備はしっかり行いたい。あなたが部屋の窓を開けて空を眺めてみると「雲行きが怪しい」ことがわかりました。雲行きが怪しい空を見てあなたは「今日は雨が降るかもしれない」と考え、最終的に「傘を持って出かけよう」と判断して実際に傘を持ってでかけました。空がファクトによる現状把握、雨がファクトを元に考える仮説、傘が仮説をもとに導いたアクションです。

【空】…「雲行きが怪しい」
【雨】…「今日は雨が降るかもしれない」
【傘】…「傘を持って出かける」

【空】…現状把握：ファクト（事実情報）の把握
【雨】…仮説構築：そのファクトをもとに考える仮説
【傘】…判断・行動：その仮説から導き出される最善の行動

↓

【空】…（例）「○○という事実があります」
【雨】…（例）「それが△△なのではと思います」「□□するのがよいかと思います」
【傘】…（例）「◎◎してみよう」

ポイントは、この【空・雨・傘】を3点セットで考える、ということです。「雲行きが怪しい」というファクトから「雨が降るかもしれない」という現状仮説や「傘を持ってでかけたほうがよいかもしれない」という戦略仮説を作ることで、最終的に「傘を持ってでかけよう」という行動につながるのです。

ここでも悪い仮説について考えてみたいと思います。よい仮説の逆を考えると理解しやすくなります。

悪い仮説の例

・ファクトがない：「昨日晴れたから今日も晴れるだろう」

↓（昨日の晴れは今日の晴れの根拠にならない）

・ファクトが乏しい：「天気予報で午後から雨だと言っていた気がするから大丈夫だろう」

↓（「言っていた気がする」という曖昧な記憶は当てにならない）

・目的や論点がズレている：「予報では今日の午後は雨だけど、多少、雨に濡れても風邪ひかないと思うよ」

↓（いや、「雨に濡れたくない」って言ったよね…）

・アクションにつながらない：「予報では午後から雨だし、雨雲も厚いから雨はほぼ確実。ただ、夕方には晴れると思うよ」
↓（結局、どうしたらよいの？？）

・いきなりアクションの提案：「傘ではなくてレインコートを持っていくべきだよ！」
↓（なんで？？）

悪い仮説はたいてい根拠が乏しく、論理的ではなく、説得力に欠けます。結果、アクションにつながりません。

ビジネスにおいて、根拠に乏しい提案を鵜呑みにして行動に移す人は多くないでしょう。仮説を聞いて違和感や疑問が残ったら遠慮なく「なんで（Ｗｈｙ）？」や「だから何（Ｓｏ ｗｈａｔ）？」と問いかけるようにします。

その回答内容に根拠や論理がなければ、それは質の低い仮説だと考えてよいと思います。

次章からは

・一定のファクト（事実情報）に支えられている
・目的と論点を押さえている
・新規性がある
・具体的なアクションにつながる

の条件を満たす、よい仮説を作るための具体的な考え方をお伝えしていきます。

第 2 章

ビジネス
インパクトのある
よい仮説を
すばやく構築する

よい仮説を作る前提

これからよい仮説の作り方をお伝えしていくわけですが、その前提条件があります。それは「一定のビジネス知識があること」です。

ここで少しテストさせて下さい。以下の選択肢のうち、内容について説明できる言葉はいくつありますか？（図2）

できればすべて理解しておいてほしい言葉です。極めて個人的な感覚になりますが、少なくとも半分の15個は知っておいてほしいと思います。

よい仮説の第一条件として「仮説が一定のファクト（事実情報）に支えられていること」を挙げていますが、仮説を生み出す前提として、一定以上のビジネス知識がなければ、よい仮説が生まれる

図2　ビジネス教養チェックリスト

Q. あなたが内容を理解している言葉をお知らせ下さい。

- ☐ PEST分析
- ☐ SWOT分析
- ☐ 3C分析
- ☐ STP分析
- ☐ 5F分析
- ☐ AI
- ☐ オムニチャネル
- ☐ IoT
- ☐規模の経済性
- ☐範囲の経済性
- ☐経験曲線効果
- ☐イノベーションのジレンマ
- ☐パレートの法則
- ☐ BPR
- ☐ PDCA
- ☐フィリップ・コトラー
- ☐ピーター・ドラッカー
- ☐マイケル・ポーター
- ☐マーケティング
- ☐マーケティングリサーチ
- ☐ DMP
- ☐ブランディング
- ☐ PL
- ☐ BS
- ☐ティーチング
- ☐コーチング
- ☐傾聴
- ☐ WBS
- ☐ QCD
- ☐ SDGs

確率は格段に下がります。知識の土台がなければ仮説はおろか物事を考えることができません。リストにある言葉はたったの30個で、勉強すればすぐに理解できる内容です。知っている言葉が15個に満たなかった方は、ぜひ勉強してください！

よい仮説作りの7ステップ

さて、あなたが一定以上のビジネス知識を有している前提で話を進めます。まず仮説作りの大まかなステップを理解しましょう。仮説は大きく次の7ステップで構築していきます。

ステップ①：何のために何を考えるべきかを特定する
ステップ②：まず自分の頭で仮説を考える（0次仮説の構築）
ステップ③：0次仮説に関連するファクトを集める
ステップ④：ファクトをもとに仮説を量産する（1次仮説の構築）
ステップ⑤：1次仮説を検証する
ステップ⑥：検証された仮説をさらに深める（2次仮説・3次仮説…の構築）
ステップ⑦：最終仮説を決定する

ステップ①——「何を考えるべきか」を特定する（課題と論点の整理）

仮説を作る際にまずやるべきことは「何のために、何を考えるべきかを特定する」ことです。「課題と論点を整理して、仮説の目的を明確にする」と言い換えることもできます。

ビジネスにおける課題は無数にあり、課題解決のために考えるべきことは山ほどありますから、「何を考えるべきか」を明確にしなければ、思考が散漫になります。時間がいくらあっても足りません。

例えば「会議の生産性が低い」という現状課題があったとします。生産性が低いというのは、さまざまな要因の結果として起こっている課題ですから、このままでは範囲が広すぎて何を考えればよいかわかりません。

したがってこの課題を、会議の生産性が低い原因は、

①ムダな会議が多いこと

②会議でいつも何も決まらないこと

③会議時間が繁忙時間とよく重なっていること

のように分解します。「ムダな会議が多い」という量の課題と、「いつも何も決まらない」という質の課題、そして「繁忙期と重なる」という開催タイミングの課題があるということです。分解された課題にWhy?(なぜ?)をつけると次のようになります。

A.「ムダな会議が多いのはなぜか?」
B.「会議でいつも何も決まらないのはなぜか?」
C.「会議時間が繁忙時間とよく重なっているのはなぜか?」

分解された課題を「問い」へと変えたものが論点です。

問いを作る際は、Why・How・So Whatを活用します。「Why(なぜそうなっているのか?)」「How(どのようにすればよいか?)」「So What?(具体的に何か?)」をつけると、個別課題が論点へと変わります。論点は「いま答えを出すべきテーマ」ですから、論点が決まれば「何を考えるべきか」が決まります。

課題と論点が整理されたら、課題が解決された後の「理想の状態・達成したい目標」を明確にします。特に戦略仮説は、理想の状態・達成したい目標を具体的に実現するための仮説ですから、目指すべき目標がなければ実現方法や具体的なアクションの仮説は考えられません。

なお、理想の状態の「生産性が高い」も複数の要素が合わさった結果としての状態なので、「1ヶ月の会議時間を半分にする」や「会議後には必ずビジネスが一歩でも進捗している」のように分解する必要があります。

したがって、「会議の生産性が低い」という課題に対する仮説の目的の一つは、「1ヶ月の会議時間を半分にするために(理想の状態)、「ムダな会議が多いのはなぜか?」を考えること(論点)」となります。

この仮説の目的に沿って考えていくと、

「ムダな会議が多いのはなぜか?」

←

「過去の慣習のまま続けている形骸化している会議が多いのではないか(現状仮説)」

←

「会議体を洗い出して一覧化し、形骸化している会議をすべて廃止すればよいのではないか（戦略仮説）」

のような仮説を作ることができます。仮説を作る際にまずやるべきことは、課題と論点を整理して仮説の目的を明確にすることです。

論点の優先順位を考える

ここで「会議の生産性が低い」という課題から、

A.「ムダな会議が多いのはなぜか？」

B.「会議でいつも何も決まらないのはなぜか？」

C.「会議時間が繁忙時間とよく重なっているのはなぜか？」

という三つの論点（個別課題）が抽出されています。すべてを一気に考えることが難しい場合は論点に優先順位をつける必要があります。

論点の優先順位、すなわち「何から考えるべきか」を決める際に、最低限押さえるべき視点は「ビジネスインパクト」と「成果のタイミング」の二つです。

ビジネスインパクトは文字どおり、論点に答えを出して、解決策を推進した後に得られるビジネスの成果で、ポジティブとネガティブの両側面から考えます。得られる成果については、できるだけ数値化すると成果を比較しやすくなります。

両側面を考えた結果、ポジティブインパクトとネガティブインパクトの差し引きで、ポジティブな側面がより大きいものを「ビジネスインパクトが大きい」と判断します。

成果のタイミングについては、すぐに成果が現れる・四半期後・1年後など、できるだけ具体的なタイミングで考えていきます。

こうして、ビジネスインパクトが大きい×成果のタイミングが速いものから優先度が高いと判断していきます。次の図を使って、このプロセスをもう少し具体的に解説していきます。（図3）

図3

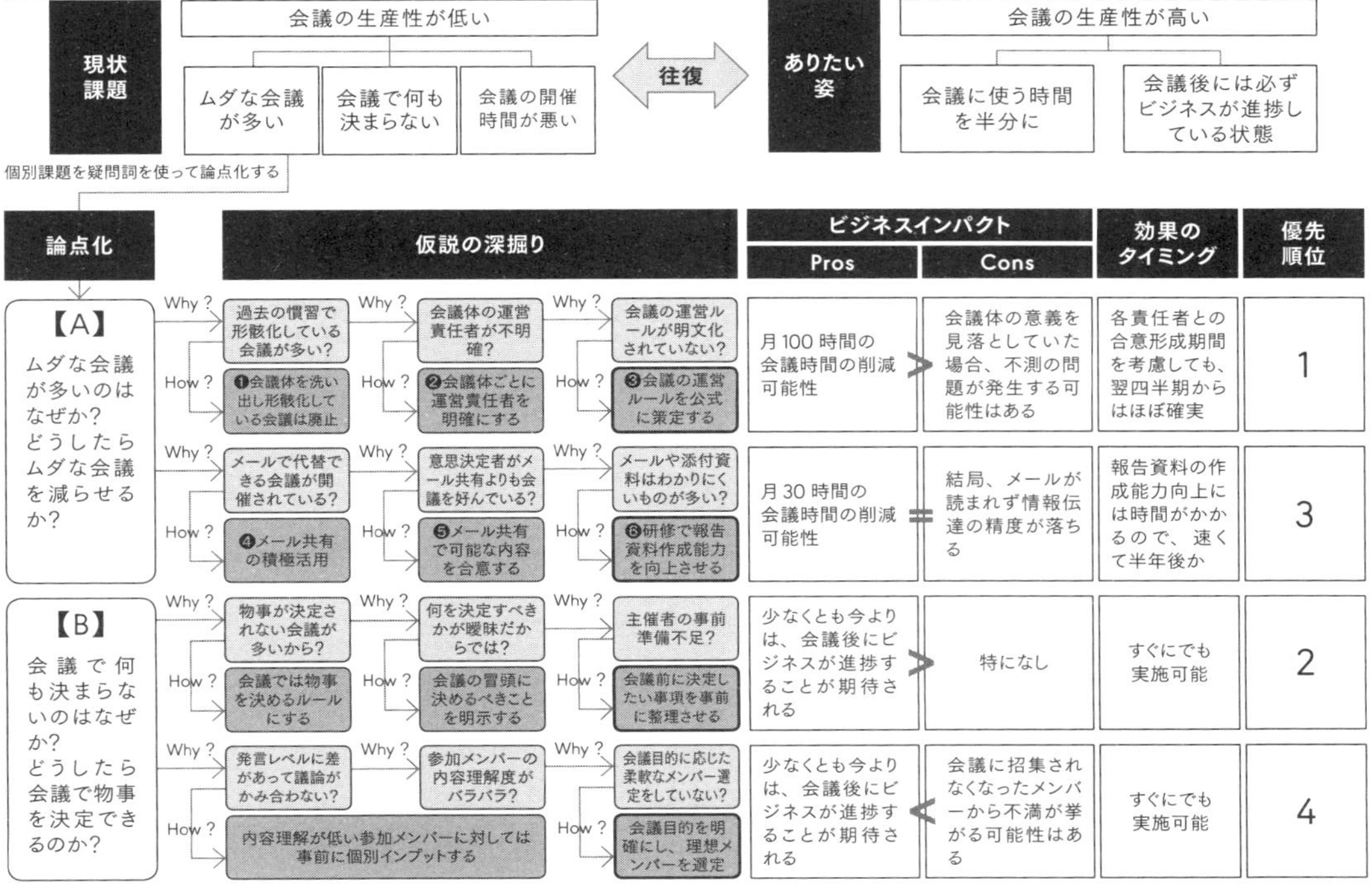
現状課題
会議の生産性が低い
ムダな会議が多い
会議で何も決まらない
会議の開催時間が悪い
往復
ありたい姿
会議の生産性が高い
会議に使う時間を半分に
会議後には必ずビジネスが進捗している状態
個別課題を疑問詞を使って論点化する
論点化
仮説の深掘り
ビジネスインパクト
Pros
Cons
効果のタイミング
優先順位
【A】ムダな会議が多いのはなぜか？どうしたらムダな会議を減らせるか？
Why？
How？
過去の慣習で形骸化している会議が多い？
❶会議体を洗い出し形骸化している会議は廃止
会議体の運営責任者が不明確？
❷会議体ごとに運営責任者を明確にする
会議の運営ルールが明文化されていない？
❸会議の運営ルールを公式に策定する
月100時間の会議時間の削減可能性
>
会議体の意義を見落としていた場合、不測の問題が発生する可能性はある
各責任者との合意形成期間を考慮しても、翌四半期からはほぼ確実
1
メールで代替できる会議が開催されている？
❹メール共有の積極活用
意思決定者がメール共有よりも会議を好んでいる？
❺メール共有で可能な内容を合意する
メールや添付資料はわかりにくいものが多い？
❻研修で報告資料作成能力を向上させる
月30時間の会議時間の削減可能性
=
結局、メールが読まれず情報伝達の精度が落ちる
報告資料の作成能力向上には時間がかかるので、速くて半年後か
3
【B】会議で何も決まらないのはなぜか？どうしたら会議で物事を決定できるのか？
物事が決定されない会議が多いから？
会議では物事を決めるルールにする
何を決定すべきかが曖昧だからでは？
会議の冒頭に決めるべきことを明示する
主催者の事前準備不足？
会議前に決定したい事項を事前に整理させる
少なくとも今よりは、会議後にビジネスが進捗することが期待される
>
特になし
すぐにでも実施可能
2
発言レベルに差があって議論がかみ合わない？
内容理解が低い参加メンバーに対しては事前に個別インプットする
参加メンバーの内容理解度がバラバラ？
会議目的に応じた柔軟なメンバー選定をしていない？
会議目的を明確にし、理想メンバーを選定
少なくとも今よりは、会議後にビジネスが進捗することが期待される
<
会議に招集されなくなったメンバーから不満が挙がる可能性はある
すぐにでも実施可能
4

【A】「ムダな会議が多いのはなぜか?」に対しては、二つのラインで仮説の深掘りが進んでいます。

一つは「ムダな会議が多いのではないか」→「形骸化している会議が多いのは会議の運営責任者が不明確なのではないか」→「運営責任者が不明確なのは、会議の運営ルールが明文化されていないからではないか」という仮説のラインです。

もう一つは「ムダな会議が多いのはなぜか?」→「メールで代替できる会議が開催されているのではないか?」→「メールで代替されないのは、会議のオーナーがメール共有よりも会議体を好んでいるのではないか」→「オーナーが会議体を好むのは、メールや添付資料だと内容がわかりにくいからではないか」という仮説のライン。

「ムダな会議が多いのはなぜか?」という論点に対して二つの仮説のラインと、合計6つの現状仮説が生まれており、それぞれの現状仮説に戦略仮説が対応していますから、戦略仮説も❶〜❻の6つあります。

実際に課題を解決する際は、戦略仮説をもとにアクションプランを精緻化します。

すべての施策を実行できるのが理想ですが、現実的には時間やリソースの制約などが発生するので、実行する戦略仮説にも優先順位をつけなければなりません。

戦略仮説の優先順位づけのポイントは「できるだけ根本的な課題、掘り下げられている課題から解決していく」ということです。根本的な課題にアプローチせずに、表層的な課題を解決してもビジネスインパクトは限定的です。

「ムダな会議が多いのはなぜか？」という論点であれば、

仮説セット❸：「運営責任者が不明確なのは、会議の運営ルールが明文化されていないからではないか（現状仮説）」に対する「会議の運営ルールを公式に策定する（戦略仮説）」

仮説セット❻：「オーナーが会議体を好むのは、メールや添付資料だと内容がわかりにくいからではないか（現状仮説）」に対する「研修で報告書資料の作成能力を向上させる（戦略仮説）」

が最も深掘りされている仮説です。これら深掘りされた仮説に対して前述のビジネスインパクトと成果のタイミングを考えていきます。

仮説セット❸であれば、「会議の運営ルールを公式に策定し、全社に適用されれば一ヶ月間で100時間の会議時間削減が見込まれそうだ。大きなデメリットはなく、取り組みに反対する人も少ないだろうから、翌四半期からの導入が可能かもしれない」

仮説セット❻であれば、「研修で報告資料作成能力を向上させるが、実現した場合は会議時間の削減は30時間程度。ただ結局メールが読まれず、情報伝達の精度が落ちるリスクを考慮すると、ビジネスインパクトは限定的かもしれない。また報告資料の作成能力向上には少なくとも半年~1年程度の時間が必要となりそうだ」というように考えていきます。

図では【B】「会議で何も決まらないのはなぜか?」までを記載していますが、【C】「会議開催時間が悪い」や、他に列挙されている課題があれば、それらについても同様に考えていきます。

そして、すべてのビジネスインパクトと成果のタイミングが出揃った後に、総合的に戦略仮説の優先順位を判断していきます。

実は仮説思考が習慣化している人は、論点の優先順位を考える際、すでにこの思考プロセス（仮説の深掘りと優先順位づけ）が始まっています。

ドキュメント化まではしていないと思いますが、頭の中では根本課題とそのビジネスインパクト・成果のタイミングをそれぞれ大雑把に数値化し、比較した上で考えるべき論点を特定しているのです。

この思考プロセスが積み重なっていると、仮説検証後も大きな修正が発生しないので、この時点の仮説（↓64ページ「0次仮説」と言います）から施策実行まで一気に進みます。

反対に論点の優先順位を考慮せず、抽出された論点を手当たり次第に検討してしまうと、極めてインパクトの小さい論点・課題に時間を使うことになってしまいます。

ビジネスでは限られた時間の中で最大の成果を上げることが求められますから、「ビジネスインパクトの大きさと成果のタイミング」で論点の優先順位を絞ることが、非常に重要になります。最初は精度が担保されないかもしれませんが、論点特定の段階でこの優先順位づけができるかどうかで、業務スピードに圧倒的な差が生まれていきます。

以降ではこのようにスピーディーにより多くの仮説を作り出す手順や考え方を詳しく解説していきますが、かなり実務的でテクニカルな話が中心となります。

より抽象的で読みやすい内容として、仮説思考を習慣化する方法を第4章に記載していますので、興味がある方はそちらから先に読んでいただくのもよいかと思います。

ステップ② ― まずは自分の頭で仮説を考える

論点が明確になったらいよいよ仮説作りが始まります。

前述したように仮説思考が習慣化している人は、論点の特定を行っている段階で、実はこのステップが同時に終わっているのですが、ここではまだ仮説が深掘りされていないこととします。

多くの方が仮説を考えようと思った際、とりあえずＷｅｂ検索や周囲へのヒアリングを始めると思いますが、まずそれを止めてください。

検索やヒアリングの前にまずは自分の頭で仮説を考えましょう。今、自分が持ちあわせている情報のみでまずは考えるのです。

この段階でどんどん仮説を作っていける人もいれば、さっぱり何も考えられないという人もいます。その差を分けているのは蓄積された知識や経験の量と質、そして仮説思考が習慣化しているかどうかです。

もしあなたが何も考えられなかったとしても、それでも無理やり考えて仮説を捻り出してください。とにかく考える癖づけをしなければ、仮説思考は始まりません。

例えば「アクティブシニア向けのビジネスチャンスを見つけたい」という課題があったとします。この時「アクティブシニア　ビジネス」などと検索する前に、自分の頭で仮説を考えてみます。

・そもそも、アクティブシニアの定義って何だっけ？

・アクティブシニアは元気なお年寄りだとすると、きっと外出やアウトドアが好きだろう。であるならばオーソドックスに旅行やドライブなどは当然、興味・関心があるだろう。

・シニアでも始められるダンスやテニスなどのスポーツスクールはどうだろう？

・アウトドアだけでなくインドアなアクティブシニアもいるだろうから、インドア派には料理・茶道・習字など伝統的な習いごとのニーズがある気がする。

・ただ、おそらくどのサービスも既に提供されていて、新しいビジネスチャンスにはならないかもしれない。他のビジネスチャンスを探す必要がありそうだな。

・アクティブシニアの感性は若いと想定されるからＰＣ・スマホなど最新デバイスを使いこなしたいニーズや改めて最新ファッションを楽しみたいというニーズがあるのでは？

・アクティブシニアはそもそも消費意欲が旺盛なのだろうか？　そうでないならば、市場規模はあまり大きくないのかもしれない…。

さまざまな仮説が思い浮かびます。一つまた一つと仮説を考えていくと、その仮説がまた新しい仮説を生み、結果的に多くの仮説を生み出していることがありますから、まずは一つでよいので自分の頭で仮説を捻り出しましょう。とにかく、まずは自分の頭で考え抜いてください。

この最初に生み出した仮説を筆者は「０次仮説」と呼んでいます。

ステップ③ ファクト（事実情報）を集める

自分の頭で考えた0次仮説は、「ほぼ間違いなく確かなこと」「おそらく確かなこと」「確かかどうかわからないこと」のように分類することができます。分類によって「確かかどうかわからない範囲を明確にする」ということが重要です。わかっていないことを中心に情報収集や検証を進めることで、現状把握が効率的に進んでいくからです。

わからない範囲が明確になったら次はファクト収集です。くり返しになりますが、ファクトの裏づけがない（薄い）仮説は単なる当て推量です。信頼できません。実務的にはまず、検索によってWeb上の情報から集めていくことになります。

ここで重要なのは、恣意的に自分の仮説を支持するファクト（事実情報）のみを集めてはいけないということです。0次仮説はあくまで情報収集の起点であり、正解ではありません。0次仮説が当たっているかどうかにこだわらず、関連するファクトを集めていきます。

なお、ファクトにも種類があり、ファクトの集め方にも複数のアプローチがありますので一つずつ紹介していきます。

まずはデスクリサーチで関連情報や数字を効率的に集める

デスクリサーチとは、Ｗｅｂ・新聞・雑誌などの掲載情報や、専門の調査会社や政府機関が公表している情報、社内で保有している情報などを網羅的に集めていく手法です。

インターネット普及以前は、現在のように誰もが多くの情報に無料でアクセスできる環境ではなかったため、特定のテーマや分野について広く・体系的に情報を集めたい場合は調査会社へ依頼することが多かったようです。しかしながら言うまでもなく、現在ではビジネスパーソンに限らず、ほぼすべての人がＷｅｂ検索を中心に、無料で情報収集できるようになりました。

例えば、Ｇｏｏｇｌｅで「アクティブシニア」「シニア向けビジネス」と関連キーワードを入力すれば多くの情報が入手可能です。検索で該当テーマの大まかな知識は得られますが、デスクリサーチで特に集めたいファクトは数字情報です。数字は実態が量的に可視化されるので理解しやすく、説明力も高いので非常に使いやすい情報です。

シニア層の定義を60歳以上とした時、「日本は超高齢社会なので60歳以上の割合が高い」という情報よりも、「平成30年4月の総務省人口推計によると、日本の人口約

1億2650万人のうち、60歳以上は4304万人で約34％を占める」という情報のほうが、客観的で説得力があります。「近年はインターネット広告の市場が伸びていて、どうやらTV広告に迫っているらしい」よりも、「2017年の日本の広告費（電通）によれば、TV広告が約1.9兆円で前年比99・1％に対して、インターネット広告は約1.5兆円で前年比115・2％である」という数字情報が肉づけされていると説得力があります。

あらゆるテーマにおいて適切な数字が見つかるとは限りませんが、可能な限り数字情報を集める努力はすべきです。数字でファクトを捉えているかどうかは、仮説の質に大きく影響します。マーケティングや戦略立案時によく使う人口推計や市場規模などの数字であれば、官公庁や専門の調査会社が独自で算出した数字を公開しています。

また、ある商品やサービスの売上情報であれば社内の企画部門が情報を持っているでしょうし、従業員満足や労働時間などであれば人事部門、会社の業績情報であれば財務やIR部門が情報を保有しています。

デスクリサーチを効率的に進めるためには「どこにどんな情報があるのか、誰がどんな情報を持っているのかを把握しておく」ということも非常に重要です。マーケティング戦略立案の際に知っておくと便利なサイトをいくつかご紹介しておきます。

【無料の情報ソース】

・総務省統計局の公表データ：http://www.stat.go.jp/

・日本の人口推計（総務省）：http://www.stat.go.jp/data/jinsui/index.html

・消費動向調査（内閣府）：
 http://www.esri.cao.go.jp/jp/stat/shouhi/menu_shouhi.html

・世論調査（内閣府）：https://survey.gov-online.go.jp/index.html

・日本の広告費（電通）：日本国内で1年間（1～12月）に使われた広告費（広告媒体料と広告制作費）の統計。1947年から毎年発表されている
 http://www.dentsu.co.jp/knowledge/ad_cost/

・生活定点（博報堂生活総研）：博報堂生活総合研究所による定点調査。24年分の生活者観測データ約1,500項目が公開されている。
 http://seikatsusoken.jp/teiten/

・HoNote（マクロミル）：トレンドやトピックに対する生活者の反応が調査結果としてまとめられている。
 https://honote.macromill.com/

・業界動向サーチ：業界ごとの市場規模をざっくり把握したい時に便利
 https://gyokai-search.com/

【有料の情報ソース】

・SPEEDA（ユーザベース）：世界500万社のデータが約550業界に分類・分析されたデータベース
 https://jp.ub-speeda.com/

・COSMOSNET（帝国データバンク）：企業信用調査で集めた精緻な情報がデータベース化されている
 https://www.tdb.co.jp/index.html

・マーケットレポート（矢野経済研究所）：特定ビジネス分野の市場規模、企業シェア、将来予測、メジャープレイヤの動向など、マクロやミクロの視点から総合的に調査・分析した調査レポート。年間2,000セグメントに及ぶマーケット・データを提供
 http://www.yano.co.jp/market_reports/index.php

SNSから情報を集める「ソーシャルリスニング」

ソーシャルリスニングとは、Facebook・twitter・Instagramなどのソーシャルメディアから消費者の生の声を収集・分析し、ビジネスに役立てる手法のことです。会社・ブランド・商品に対するポジティブ／ネガティブなどの評価・評判の確認ができること、商品が実際に使われているシーンを写真付きで把握できることなどが特徴です。

例えば「自分の身体を見たら泣けてきた。ダイエットしなきゃ（涙）」「芸能人の○○ダイエット凄すぎ」のような生々しい声を集めることができますし、「見える化エンジン」「口コミ係長」のようなSNS分析ツールを活用すれば、「ダイエット」に関するクチコミが年初、夏前、また10月以降に盛り上がる、というトレンドを把握することも可能です。

ソーシャルリスニングは、SNSの普及によって生活者がさまざまチャネルで情報発信するようになり、その情報を参考に企業や商品の質を判断する生活者が増えたことや、後述するインターネットリサーチやインタビューよりも、より自然体の感想や意見を得られるということから、ここ10年くらいで確立された情報収集の手法です。

なお、10代・20代はFacebookをほぼ使っておらず、Instagramとtwitter（主に

Instagram）がメインの情報収集先です。Instagramをやっていない読者の方がいらっしゃれば、まずはインストールから始めなければなりませんね。

関連書籍を最低3冊は読んで頭に地図を作る

Ｗｅｂ検索は手軽で簡単なので重宝しますが、得られる情報が断片的であることが多く、全体像やポイントがつかみにくい、という状況に陥りがちです。該当テーマの全体像を手早く体系的に理解するには関連書籍を「最低」３冊読むということが有効です。

書籍は、著者や編集者が内容をわかりやすく伝えるために企画を立て、構成を練り、掲載情報の取捨選択をしているので、重要情報が体系的に整理されているものです。

したがって関連テーマを扱う書籍を3冊も読めば、共通して指摘されている重要なポイントなどがわかりますし、著者・編集者ごとに捉え方が違いますから、テーマに対して多面的な情報をインプットすることができます。頭に地図を作っていくイメージです。

また3冊の書籍の中に、１冊は主張の異なる書籍を入れることをお勧めします。少し前の書籍ですが『水は答えを知っている』（サンマーク出版）という本があります。水に「ありがとう」という言葉を見せると、形の整ったきれいな結晶をつくり、一方で「ばかやろう」という言葉では美しい結晶がつくられない。言葉によって、声によって、写真によって、全く違う顔を見せる結晶は、私たちに「どう生きるか」というメッセージを伝えてくれるという主旨の書籍ですが、この主張をそのまま鵜呑みにしてはいけません。

同じく水をテーマにした『水はなんにも知らないよ』（ディスカバー携書）という書籍もあります。「水に『ありがとう』と言うと美しい結晶ができる」「波動水やマイナスイオンは健康によい」「磁石で水は活性化する」という主張が本当かどうかを、水の分子構造や結晶化のプロセスの説明とともに、科学的アプローチで検証しているのですが、どんな言葉を水に投げかけようが、どのような音源を水に聞かせようが、水の分子構造はランダムになるということを伝えています。

このように正反対の主張を伝える書籍を読むことで、物事を多面的に捉えることが可能となりますし、自分の意見はどちらの主張に近いのか？なぜ正反対の主張になっているのか？を考えることで、考えるキッカケを得られます。

インターネットリサーチで欲しい情報をピンポイントに集める

Ｗｅｂ検索や書籍を中心としたデスクリサーチを数日実施するだけでもかなりの情報が

得られますから、この段階で仮説を立てられてしまう方も多いでしょう。

一方、近しい数字や情報はたくさん出てくるものの「知りたい情報とちょっと違う…」「情報がちょっと古い…」「もう少し細分化した情報が欲しい…」というように、痒《かゆ》いところに手が届かない状況に陥ることもよくあります。特に、ビジネスチャンスを探す際に、移り変わりやすい生活者の流行やニーズといった情報は、古いだけで参考にならないことが多いものです。

そこで有効になるのがインターネットリサーチという調査手法です。

インターネットリサーチとは、調査会社が保有している調査協力モニタにメールで調査依頼を送り、スマートフォン・アプリ・PCなどから調査に回答してもらいます。紙ではなく専用のリサーチシステムを活用するため、回答結果がリアルタイムで集計され、早く・安く・手軽にリサーチをすることができます。

調査内容によって金額やスケジュールはもちろん変動しますが、価格は3万円~、スケジュールは概ね2~3日であり、圧倒的な安さとスピード感で情報を集めることが可能です。サービスが登場したのは2000年ですが、今ではマーケティング関係者に限らず多くのビジネスパーソンが活用している非常にポピュラーな手法です。

インターネットリサーチを実施すると次のような数字を集めることができます。（図4）

このデータはダミーですが、60代男性のやりたいこととして、「のんびり過ごす」「配偶者との時間を大切にする」を選んでいる人が圧倒的に多いことに加えて、旅行・アウトドア・観劇・スポーツなど、多方面に興味・関心があることが数字で把握できます。

一方で、料理や茶道・習字などのインドアな活動は、少なくとも男性60歳以上には魅力的に映っていないようです。こうした調査結果を活用することで、仮説（この例は現状仮説）をクイックに検証しつつ、新しい仮説を手に入れることができます。

図4　インターネットリサーチから得られる結果

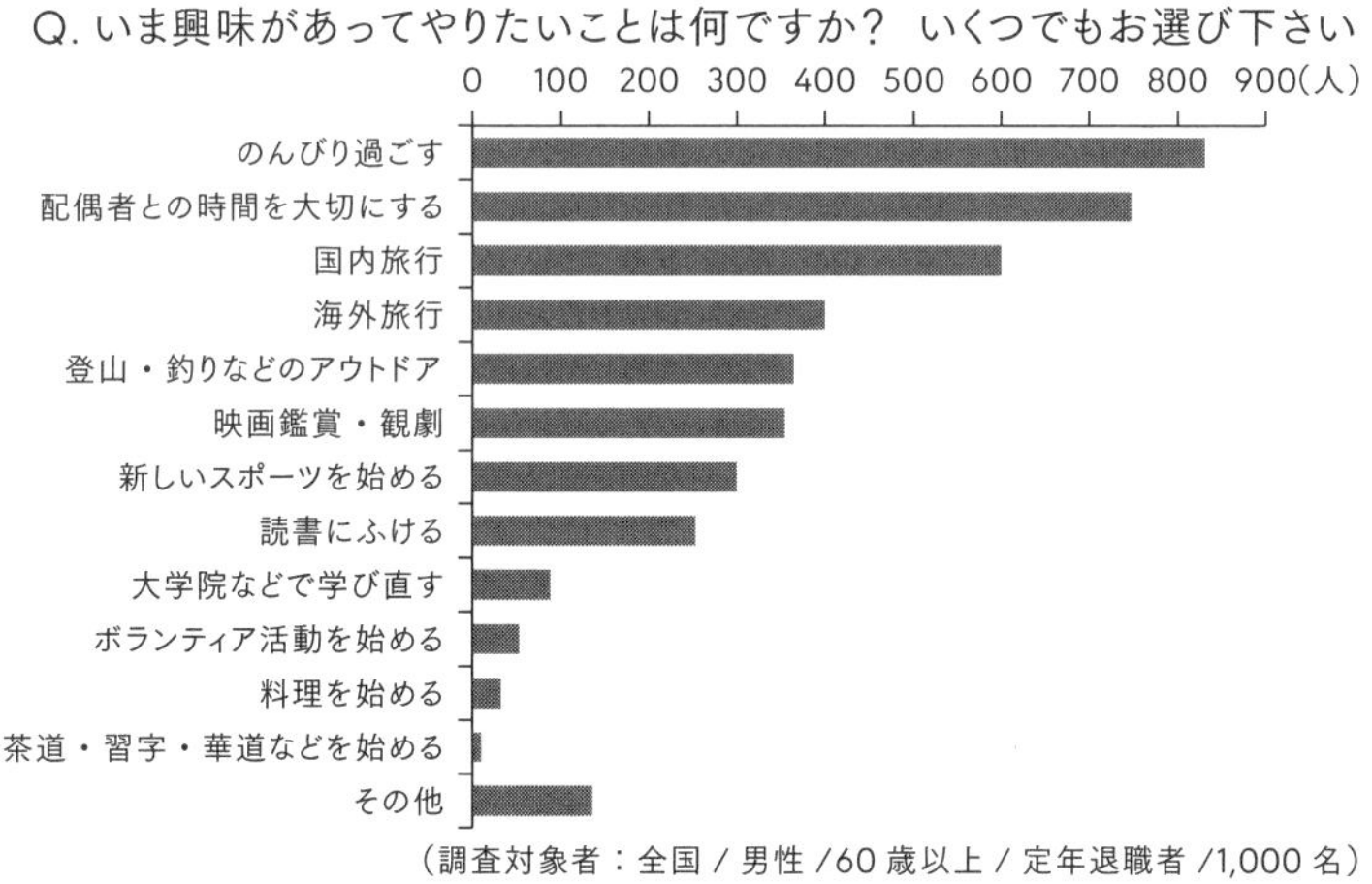

（調査対象者：全国／男性／60歳以上／定年退職者／1,000名）

インターネットリサーチはコストがかかる手法ですが、「自分が知りたい情報をピンポイントで、速く、手軽に集められる」というメリットがあります。なお、このように数字で量的に表現できる性質の情報を「定量情報」と呼びます。

体温を持ったリアルな情報を集める

デスクリサーチやインターネットリサーチは手早く情報を集めることができますが、そこで得られた情報には体温を感じにくいものです。世の中にはさまざまな人がそれぞれの想いを持って暮らしており、そこには多くの営みがあり、言葉があり、感情があります。そのような「体温を持った情報」に接すると、机上の情報収集では得られない仮説を得られることが数多くあります。

言葉や感情のように数値化できない情報を「定性情報」と呼びます。音声・画像・動画情報なども定性情報に含まれますが、手軽に数値化できない情報はすべて定性情報です。定性情報を集める代表的な方法として、インタビュー調査・フィールドワークなどが挙げられます。

定性情報は定量情報のように数値化やグラフ化することが難しいため、情報としては扱いにくいというデメリットがありますが、仮説構築においてはむしろ定量情報よりも有用なケースが多いものです。その理由については、各手法の説明と合わせてお伝えします。

とにかく多くの気づきが得られるインタビュー

多くのビジネスパーソンにとってインタビューは非常に身近な手法だと思います。例えば営業がクライアントに実施するヒアリングやシステム担当者がユーザー部門に実施する要望・要件のヒアリングは簡易的なインタビューです。

また、雑誌に掲載されているインタビュー記事、テレビ番組で街中を歩いている通行人への街頭インタビューなど、インタビューは情報収集の手段としてさまざまなシーンで活用されています。インタビューを通して得られる情報は、誰かが加工したものではなく、まさにその場で生まれる情報なので、着色されていない新鮮で生の情報を獲得できる点や、表情・仕草・声のトーン・対象者が醸し出している雰囲気など五感で情報収集が可能なため、非常に多くのインプットが得られます。

インタビュー調査には大きく二つの手法があり、一つはフォーカスグループインタビュー（FGI：Focus Group Interview）で一般的にはグループインタビューと呼ばれます。

6人前後の対象者を集め、あるテーマについて『話し合い』をさせる手法です。参加者同士がそれぞれの発言内容に刺激を受けて、「あ、そうそう、それは私も思っていた」「そういえば思い出したけれど、こんなことがあった」のような相乗効果（グループダイナミズム）が期待できるため、幅広い意見や多くのアイデアを収集することができます。

もう一つはデプスインタビュー（DI：Depth Interview）という手法で、対象者とインタビューアーが『1対1』でインタビューする手法です。一つのことをより深く聴取できるとともに、信頼関係を構築できれば、複雑な購買プロセスやデリケートなテーマでもしっかりと本音を引き出すことができます。近年では価値観の多様化・個別化が進んでいることから、個人にじっくり向き合って丁寧に本音を引き出していくデプスインタビューの価値が高まっています。

実際にやってみるとわかるのですが、インタビューは本当に多くの気づきを得られます。その有用性は間違いありません。

私は部下に対して常日頃から「物事の現状把握にはインタビューが一番。関係者10人にインタビューすれば50%、20人で70%、30人にインタビューすればほぼ100%わかる。まず10人にインタビューしてみなさい」と伝えています。

インタビューは本当に多くの気づきを与えてくれる情報収集手段であり、仮説構築には最適です。

専門的な見解が欲しい時は有識者に聴く

有識者とは一般的に「ある物事について詳しい知識や経験を持っている専門家」のような意味です。経営の専門家は経営者ですし、マーケティングなら実際にマーケティングを実践しているマーケター、自動車のエンジンのことならエンジニア、専門分野を研究している学者なども、もちろん有識者に含まれます。

実践的な解決策の仮説を得たい時は実務家に聴き、新しい物事の捉え方を得たい時は学者に聴くというように、得たい情報によって有識者を選び分けることが大切ですが、仮説を考える課題が複雑で専門性が求められる場合は、有識者へのインタビューが有効です。

注意したいのは、役職が高い人やTVで有名な人が、必ずしもその領域の専門知識に秀でているわけではないということです。役職が高い人はマネジメント力、TVで有名な人はトーク力という別の要素が評価されている可能性があるので、役職や知名度に左右されず、専門知識の保有度合いによってインタビュー対象者を選ぶ必要があります。

現在は「Linkers」「CIRCULATION」「ビザスク」のように、専門家・技術者・コンサルタントなどの有識者を手軽に紹介してもらえるサービスが増えてきていますから、活用を検討するのもよいと思います。

本質的な情報は現場にある

ファクトを集める方法として最後に強調してお伝えしたいのは「現場に行く」「実際やってみる」ということです。

原宿のパンケーキが大人気であれば足を運び、ヨガやストレッチがブームになっていれば自分もやってみる。ＡＩスピーカーに注目が集まっていたら、まずは家電量販店で使ってみる。金銭的に余裕があれば買ってみる。

興味のあるなしにかかわらず、自分がその商材のターゲットであるかどうかも関係なく、とにかく「実際に行ってみる・やってみる・ふれてみる」ということが大切です。

スポーツ観戦がよい例だと思いますが、ＴＶでスポーツ観戦をしているとついつい「もっと○○すればよいのに！」と自分を棚に上げて選手達のプレイにダメ出ししてしまうものです。でも実際に自分でやってみると…、当たり前ですが全く上手にできません。

そもそも、思いどおりに身体を動かすことすらままならないはずです。頭で理解していることと、実際にできることには大きな隔たりがあるのです。

これは情報収集においても当てはまります。

最近はヨガやストレッチなど身体の柔軟性を高める活動が注目されています。「健康増進のために意識の高い女性がヨガやストレッチをやっているのだよね。知ってる知ってる」とわかったつもりになってはいないでしょうか。

実際にヨガやストレッチをやり続けるとわかるのですが、始めるきっかけは健康増進だとしても、続けているうちに「自分の身体の構造がわかって〝面白い〟」「やればやった分だけ身体がよくなるのが〝楽しい〟」というふうに、知的好奇心が刺激される面白さや、改善実感を得られる楽しさなど、健康増進とは別の継続理由が生まれてきます。

この面白さや楽しさという感情は、言葉で正しく伝えるのが難しい情報でもあり、実際に体験しないと正確にはわからないものです。

「現場に行く・実際にやってみることの最大のメリットは、感情を伴った情報を得られること」と言ってもよいでしょう。特に広告・宣伝・マーケティングや新規事業・新商品開発にかかわるビジネスパーソンであれば、多くの人々の心を動かしている場所、店舗、商品、番組、映画などを実際に体感する、ということをぜひ心がけてもらいたいと思います。人々は誰もが、日々の生活を豊かに、楽しくしてくれるモノ／コトを求めていて、そういったものにお金を使いたいと思っています。私たち自身も仕事から離れると、根っこの部分ではそのような気持ちで何を買うかを決めていると思います。

多くの人々の心を動かしているモノやコトは、多くの人を幸せにしており、結果として大きなお金を生み出しています。人が集まっているところには人間の本質的欲求がありますから、そこには必ずビジネスチャンスの種があります。

なお、現場に行く・実際にやってみるというアプローチにもきちんと名前がついており、フィールドワークと呼びます。もともとは研究者が研究対象となる地域や社会に赴き、その土地に暮らす人々と生活を共にし、交流しながらその地域や社会の文化・生活・社会の仕組みなどを把握するという社会調査の手法ですが、フィールドワークはビジネスシーンでも積極的に活用されるべき方法だと思います。

五感を使って統合的に情報を集める

インタビューやフィールドワークについては、言葉を尽くして説明するよりもまずは実践あるのみです。Ｗｅｂ検索やインターネットリサーチを使ったデジタル上の情報収集は、視覚的情報（文字、画像、数値など）が中心であり、頭で論理的に処理できる性質の情報です。
対してインタビューやフィールドワークなどのリアルな定性情報は、視覚的情報はもちろんのこと、音（聴覚）・匂い（嗅覚）・手触り（触覚）・味（味覚）など、五感（身体まるごと）を使って集める情報です。検索や読書よりも幅広く、深い情報収集が可能になることは想像できるかと思います。

また五感を使って身体で情報収集するということは、情報を断片的ではなく統合的に把握できるということでもあります。デジタル情報は各情報・データが分断されています。手元でデータを加工してつなげたり削除することは可能ですが、どうしてもデータの継ぎ目・裂け目・スキマが生まれるため、そこから大事な情報がこぼれ落ちてしまいます。

しかし、実際の現場ではそれらのデータが事象として統合された状態で表出しています。すべてがつながっているリアルな世界のありのままを感じることで、継ぎはぎのデジタル情報からは抽出できない、新しい気づきを得ることができます。

このようにさまざまなデータを統合して解釈するアプローチを「シンセシス」と呼びます。反対に、データを分解して分析するアプローチが「アナリシス」です。

デジタル全盛のこの時代だからこそ、差がつく情報収集はフィールドワークにあるように思います。

なお、これら情報収集方法の詳細については拙著『マーケティングリサーチとデータ分析の基本』(すばる舎)で詳述しているので、よろしければ参考にして下さい。


ここまでファクトを集めるさまざまな方法をご紹介してきました。読者の中には「これだけ情報収集したら、それは既に網羅的な情報収集であり、時間をかけすぎということになるのでは?」と感じた方がいらっしゃるかもしれません。確かに、これらすべての情報収集を2ヶ月も3ヶ月もかけてやっていたら時間のかけすぎでしょう。

しかし驚かれるかもしれませんが、この一連のファクト収集は集中して実施すれば、すべてを2~3週間で完了させることが可能です。終えられないのは、一連の情報収集に慣れていないだけです。

集中すれば必ず2~3週間でできますから、「2~3週間が仮説構築に許される情報収集期間」ということを覚えておいてください。

ステップ④ ― ファクトをもとに仮説を量産する（1次仮説の構築）

ファクトを集めたら、集めたファクトをもとに仮説を量産していきます。

仮説は多ければ多いほど、ビジネスの可能性が広がります。

「アクティブシニア向けの新規事業を創る」というテーマを題材に、ファクトから多くの仮説を生み出すプロセスを簡単にお伝えしたいと思います。

あなたは新規事業の企画担当者です。3ヶ月後にアクティブシニア向けの新規事業のアイデアを複数考えて、上長にプレゼンテーションしなければならない、という状況です。

まずは課題と論点を整理して、仮説の目的を明確にしていきます。

■達成したい目標：新規事業のアイデアを複数考える

課題：アクティブシニア向けのビジネスアイデアが社内に一つもない

・上長や経営にも具体的なアイデアがない

・過去に検討されたアイデアの情報が社内に蓄積されていない
・ターゲットであるアクティブシニアに関する情報が社内にほぼない

論点：
①上長や経営が具体的なアイデアを持っていないのはなぜか？ どうやったら上司や経営がアイデアを持てるようになるか？
②過去に検討されたアイデアが社内に蓄積されていないのはなぜか？ どうやったら検討アイデアが蓄積されるようになるか？
③アクティブシニアに関する情報は社内にほぼないのはなぜか？ どうやったらアクティブシニアに関する情報を集められるか？

論点は三つありますが、「新規事業のアイデアを複数考え出す」という達成したい目標につながる論点は③です。

①ですが、上長や経営にもアイデアを持っていてほしいところですが、彼らがアイデアを持てるように働きかけるのは大きな労力と時間がかかるわりには、成果も小さそうです。

②については検討履歴を残すような仕組みが必要だと考えられますが、今回の達成したい目標とは直接的に関係ない取り組みです。

③は、ビジネスターゲットであるアクティブシニアの情報を集めていくことになる論点ですから、新規事業のアイデア出しにつながります。

したがって仮説の目的は、「新規事業のアイデアを複数考え出すために（達成したい目標）、アクティブシニアに関する情報をどうやって集めるかを考えること（論点）」となります。

論点を深めた結果、複数の調査手法を活用してファクト（アクティブシニアのライフスタイル）を集め、それをもとに現状仮説と戦略仮説を考えていく、という判断になったと理解してください。以下はそれぞれの調査手法から得られたファクトと現状仮説です。

デスクリサーチ

ファクト：

平成30年4月の総務省人口推計によると、日本の人口約1億2650万人のうち、60歳以上は4304万人で約34％を占める。細分化すると、60代は1727万人・70代は1479万人・80代以上が1097万人。また、厚労省の平成29年簡易生命表によれば、日本人の平均寿命は男性81歳・女性87歳だった。

現状仮説：

多くの企業の定年は60歳であり、平均寿命が80歳であることを考えると60歳〜75歳がアクティブに生活できる年齢だと仮定。2529万人がターゲットになる。

中でも60代の1727万人は疾病率も低いだろうから、アクティブシニアのコアターゲットになる。さらにこの層には、一定のビジネス経験・知力・体力がまだ備わっていて、意欲はあるにもかかわらず、定年で活躍の場を失っている人々も多くいるだろう。再就職というキーワードを深めるのがよいかもしれない。

インターネットリサーチ

ファクト：

全国・60代・男女・定年退職した人に対してインターネットリサーチを実施。再就労意欲を調査したところ、「とても働きたい／働きたい」のいずれかを選んだ意欲的な層が全体の60％であり、過半数を占めていることが確認できた。なお再就労意欲の傾向としては、定年退職後の61〜65歳が最も低く40％であり、66〜70歳の就労意欲が最も高い70％という結果だった。

現状仮説：

定年直後の61〜65歳は労働から解放された喜びがあって再就労意欲が低いが、数年ほど自由な時間を過ごすと時間を持て余すようになり、改めて「自分の能力を発揮したい」や「仕事を通して社会に貢献したい」という意欲が高まってくるのだろう。

ただ、定年から5年も経過すると、ブランクに対する不安・億劫さ・健康リスクなども出てくるので、最初の一歩を踏み出すキッカケを掴めないでいるのではなかろうか。

インタビュー調査

ファクト：

60代の定年退職者に対して、男性・女性それぞれ3名ずつ普段の生活に関するインタビューを実施したところ、男性よりも女性のほうが再就労意欲が高い発言が目立った。ブランクや自分の健康に対する不安も女性のほうが低かった。

また何より女性のほうが、「今後やってみたいことや、実現したいこと」をイキイキと楽しそうに話す姿が印象的。

一方で、日々の生活の不満としては「話し相手が旦那ばかりでつまらない」や「近場で自分が欲しい服や物を売っているお店がなくて不便」という発言も目立った。

シニア向けビジネスの専門家にも並行して話を伺ったところ、「アクティブシニアは購買意欲や新しいことへの挑戦意欲は旺盛だが、それを満たす商品・サービスが世の中に不足している。企業内にシニア世代の商開発やマーケティング担当者がおらず、どの企業もそのニーズに気がついていない」という意見を得た。

現状仮説：

男性よりも女性のほうが平均寿命が長く、心身ともに元気な期間（健康寿命）も長そうだ。さらに女性のほうが社会や他者とのつながりを大切にしており、自然に多くの他者とコミュニケーションを取れる場として、会社や組織への再就職を魅力的だと捉えているのではないだろうか。また、アクティブシニアに特化した商品や商業施設もニーズが高いように思える。

フィールドワーク

ファクト：

コアターゲットである60代が多く訪れるという、日比谷シャンテに実際に行ってみた。実際に行くと日中の客層はほとんどが女性客であり、年齢はおそらく60代前後の印象。買い物や談笑を楽しんでいる人々で溢れ、非常に賑わっている。たくさんの紙袋を両手にぶら下げている女性を何度も見かけた。

周囲には多くの映画館や宝塚劇場・帝国劇場などもある。シャンテ内のテナント店舗も60代向けの店舗で占められており、六本木ヒルズやららぽーとなどと比べて、明確に施設作りのコンセプトが違うことが体感できる。60代マダムたちの会話に耳を傾けていると、「都内に来たのは久しぶりで楽しい」「旦那が金魚のフンで困る」「この後、子どもと夕食一緒に食べるのよ」などと、会話が弾んでいるようだ。

現状仮説：

アクティブシニアに特化した商業施設は活況に見える。ニーズを満たす商品があれば購買頻度は高いかもしれない。また、60代マダムにとって定期的に都内に来る機会は、ショッピングや観劇などのエンターテインメントを楽しみにくるだけでなく、日常（旦那）から解放される時間の獲得・子どもと会うキッカケの獲得というメリットが大きいのではないだろうか。

戦略仮説①：

60代の中でも、年齢が66歳～70歳の世代や、定年退職した女性は就労意欲が高く、バイタリティがありそうだ。都内（首都圏）で働く機会があれば、旦那から開放されるだけでなく、仕事帰りにショッピングや子どもとの食事などを楽しむ機会も増える。また他者との接点も増える。

ただ企業面接に応募しても書類選考が通らない可能性も高いし、雇用ニーズがある企業を探すノウハウは持っていないだろう。彼女達は収入獲得が主たる目的ではないはずなので、企業が人材として活用できれば賃金（コスト）は抑えられる。

したがって「60代女性に特化した都内（首都圏）で働く機会提供のマッチングサービス」はビジネスチャンスがあるのではないか。常時雇用ではなく、商品開発やマーケティング戦略策定における部分的スポット雇用でもよさそうだ。

戦略仮説②：

映画館・劇場・コンサートホールなど60代女性が好んで訪れる施設の近隣に、日比谷シャンテのようなシニアにターゲットを絞ったショッピングモールはニーズがあるかもしれない。またショッピングモール内に、就職斡旋窓口や職業訓練施設などを設けて、再就職を支援する役割を持たせたら集客効果が高まり、相乗効果があるのではないか。

この戦略仮説（新規事業アイデア）の事業性判断は別プロセスでしっかりと検証する必要があります。しかし、「ファクト→現状仮説→戦略仮説」というプロセスで深められている仮説は、このプロセスを経ていない仮説よりも、質が高く、ビジネスの成功につながりやすいものです。

この「ファクト→現状仮説→戦略仮説」というプロセス、すなわち仮説思考2.0で特に重要なのが、必ず戦略仮説までセットで考えるということです。

いくら手早くファクトを収集し、筋のよい現状仮説を構築できたとしても、「こうしたらよいのではないか？」という具体的な解決策の仮説、すなわち戦略仮説が生まれなければ課題は解決されません。

現状仮説を考えた後には必ず「Ｈｏｗ？（どのように？）」と自問自答し、戦略仮説まで考え出すことを忘れないようにしましょう。

私がマクロミルで「ミルトーク」という新規事業を立ち上げた時も、仮説思考2.0のプロセスを使っています。

「ミルトーク」とは、企業のマーケターと生活者が特定のテーマに対して、掲示板やグループトークを活用して直接コミュニケーションができる、マーケティングリサーチプラットフォーム（https://milltalk.jp/）です。２０１５年のリリース以来、お陰さまで１万名を超えるマーケターの方々にご利用いただいています。

このサービスをリリースした背景には、業界のトップランナーであるマクロミルが市場拡大（新規顧客獲得）のために、「マーケティングリサーチの価値をもっと多くの方々に伝えたいが、リサーチは成果物が『データ』という無形財であり、通常のマーケティング活動ではその価値を伝えにくい」という課題がありました。

実際の調査結果や調査の活用事例などをコンテンツ化し、オウンドメディア上で積極的に公開しても、リサーチ未経験の方にその価値や必要性を感じさせることは難しかったのです。

課題を裏づけるファクトとしては、年間2万件以上のお問い合わせをオウンドメディアから獲得していましたが、過半数は既存顧客からの流入であり、さらに受注につながる問い合わせの70%以上が新規顧客ではなく既存顧客だったのです。

「リサーチ未経験者にとって、やはりリサーチの価値を頭で想像するのは非常に難しい（現状仮説）。実際にリサーチを体験してもらうしかない。オウンドメディア内に調査の無料体験のようなコンテンツが必要ではないか（戦略仮説）」という仮説を考えました。

私はミルトークをリリースする1年前ぐらいに、本社の中期事業戦略を立案するミッションを担当していたのですが、ビジネス環境を把握するために、さまざまなデスクリサーチや社内ヒアリング、そして30社ほどの顧客インタビューを実施していた中で、以下のような印象的な言葉に出会っていました。某大手メーカーのマーケティング部長の言葉です。

「お陰様で業績は好調で、戦略商品の売れ行きも好調。だが売れている理由、「誰が、なぜ、どのようなキッカケで買ってくれているのか?」はどんどんわからなくなっていて、マーケティング施策の手応えは小さい。データ分析に時間を取られてしまい、消費の現場に行けない、消費者の声を体感していないマーケターが増えた」

この言葉を聞いた時「マーケティングが複雑になっている現代では、マーケターの忙しさは今後も変わらないから、現場へ行く時間を確保するのは難しそうだ(現状仮説)。であるならば、現場に行けないマーケターに対して、業務時間中に、簡単に消費者とつながれる場を提供したら喜ばれるのではないか(戦略仮説)」という仮説を持ったのですが、この仮説を私は覚えていました。

そこで、自社のマーケティング課題である新規顧客獲得を実現するための「オウンドメディア内に無料の調査体験コンテンツを作る」という戦略仮説と、マーケターが消費者の声を体感できないという顧客のマーケティング課題を解決する「業務時間中に、簡単に消費者とつながれる場の提供」という戦略仮説を統合進化させ、次のような新規事業のコンセプトを生み出しました。

「マーケターでも、これからリサーチを始める人でも、簡単な掲示板を作成するだけで、自分が直接消費者の声を集められるプラットフォームを創ろう。無料で提供すればリサーチをやってみようと考える人は増えるだろう。

さらに、ユーザーが作成した掲示板や消費者の投稿内容を誰でも自由に閲覧できるようにすれば、生活者の声が集まるマーケティングメディアになるから、掲示板を作成しない人でも消費者の声の価値を実感できるのではないか。リサーチは小難しい印象を持たれがちだから、デザインはカジュアルにポップに！」

この戦略仮説が「ミルトーク―アイデアあつまる、アイデアみつかる―」として形になりました。今では延べ1万人を超える方々にご利用いただいていますから、「新規顧客を獲得する・マーケターが消費者の声を体感できるようにする」というマーケティング課題をある程度解決できたと思っています。仮説が事業の成功という形で検証されたので、非常に達成感がありました。

もちろん、実際には本書でふれているオウンドメディアの成果分析や30社を超える顧客インタビューのほか、消費者に対してミルトークへの参加意向を確認するインターネットリサーチ、競合他社が類似サービスを提供していないか、ターゲットとする市場規模の算出など、さまざまなファクト分析をしており、多彩なファクトから現状仮説を立てて、戦略仮説を導き、サービスを具現化したというプロセスです。

起点となったのは多彩なファクトであり、戦略仮説まで導いたことがポイントです。

仮説を量産するための思考法

「ファクト↓現状仮説↓戦略仮説」という仮説の作り方は、仮説思考2.0の基本的アプローチです。

コンサルタント・マーケター・プランナーなど、考えることが仕事の職種で、考えることが習慣化しているビジネスパーソンは日常的に実践しているはずです。

こうした職種の方に限らず、成果を出しているビジネスパーソンにとって当然のスキルかもしれません。したがって、周囲の人々から一目置かれるよい仮説を作るために、そしてよい仮説をどんどん量産していくためには、さらに別のアプローチが必要です。

そんな時に力を発揮するのが複眼思考です。

複眼思考とは

複眼思考とは、あらゆる物事を一面的、側面的に捉えるのではなく、多面的に統合的に捉えていく思考方法のことです。

人は誰しも自分の主義・主張があり、価値観は千差万別です。そしてビジネスや社会におけるあらゆる物事・事象も、さまざまな要因が複合的に絡みあって成立していますから、そもそも一面的に捉えられる物事などありません。誰かが／何かが正しい、唯一絶対の正解がある、という前提に立ってしまうと物事の見方が一面的になってしまいます。

複眼思考では唯一絶対の正解はなく、人や視点の数だけ正解があり、それらすべてを統合して物事を捉えることが重要である、と考えます。

人は時として、特に自分の興味・関心が高く、思い入れが強いテーマにおいては「絶対に自分の考えが正しい」と考えてしまいます。しかし世の中に唯一絶対の正解などないのですから、どんな時でも意識的に多面的に物事を考えることが大切です。

ビジネスは論理と情理で動いている

複眼思考の第一歩として、ビジネスは論理と情理で動いている、ということをまず理解しましょう。火が燃える・雨が降る・物が落下するなど、自然界の営みは、科学が仮説検証した考え方や法則を通して理解することができます。科学は膨大な仮説検証によって成り立っており、科学が物事・事象を捉える際に感情や価値観などは一切考慮されません。

しかしビジネスにおいては必ず人が、それも多くの人々が関与します。人は誰しも自分の主義・主張があり、価値観や感情も千差万別です。したがって、ビジネスシーンにおいては、論理だけでなく情理を考慮しなければなりません。

情理とは人情と道理。人情とは自然に備わっている人間の感情であり、道理とは物事はかくあるべきと人が考えるすじみち、です。論理が通っていても、情理が通っていなければ人は動きません。論理と情理の両面から人や物事を考えられるようになれば、多彩な仮説を生み出せるようになります。

特に戦略仮説を考える際は情理をしっかり考慮することが大切です。人は頭では理解できても、心で納得できなければ行動に移しません。どんなによい戦略仮説を構築しても実行されなければ意味がありませんから、「この施策を実行すると誰が何を思うか?」という情理の仮説を考えることも重要なのです。

仮説思考2.0は論理だけでなく、情理にも着目して仮説を考えるアプローチです。

仮説を量産するための複眼思考①：論理的に多面的に考える方法

仮説を量産するためには複眼思考が必要であり、複眼思考の前提は論理と情理を理解することですが、まずは物事・事象を論理的に多面的に捉えていく方法を考えていきましょう。

①二項対立で考える

二項対立で考えるというのは「よい―悪い」「賛成―反対」「共働き世帯―専業主婦世帯」のように、それぞれ意味が対立する側面から考える方法です。

二項対立で最も有名なツールはプロコン表です。「プロコン」のプロはラテン語の「Pros（賛成の）」、コンは「Cons（反対の）」という意味で、要するに「よい点と悪い点」であり、メリデメ（メリットとデメリット）やポジネガ（ポジティブとネガティブ）と同義です。

プロコン表は仮説思考のテーマとなる内容や特定の解決策・アイデアのよい点・悪い点をそれぞれリストアップして表にまとめたものです。（↓101ページ図5）

さて、二項対立の組み合わせは無数にありますが、「ＡＩ技術の導入」について二項対立を使って考えると、例えば次のような例となります。

・よい点の仮説↓単純作業が自動化されるので労働時間が減り、余暇を楽しめる
・悪い点の仮説↓単純作業に喜びを見出していた人の喜びや雇用を奪う
・AI推進派の仮説↓作業の自動化が進めば、人間が創造性を発揮できる時間が増える
・AI反対派の仮説↓自動化は世の中の変化スピードを加速させ、より多くの人々が疲弊する
・意識高い系人材が考えることの仮説↓AIで実現できることをもっと勉強して、自分の実務に積極的に取り入れよう
・意識低い系人材が考えることの仮説↓AIって最近よく耳にするけど、とりあえず自分の給料が下がらなければ何でもいいや

ビジネスメディアで掲載されている情報は、よい点・推進派・意識高い系の意見にフォーカスされがちですが、実態を正しく捉えるためには反対立場の意見も考慮しなければなりません。

どんなアイデアにもよい面と悪い面がありますから、一方の側面だけで判断せずに対立する両側面を丁寧に書き出していきます。また、項目が多く挙がったほうを採用する、ということでもありません。

それぞれの項目には重要度の重みがあるので、それぞれの項目の重要度を加味した上で総合的に判断する必要があります。

例えば、ある素晴らしいプレゼンテーションを聴いた後、その場の空気感で「よいのではないか」と深く議論しないまま意思決定されることがありますが、非常に危険です。

多くのプレゼンテーションはよい点のみがフォーカスされているものです。聴衆の

図5　プロコン表

仮説思考の対象となるテーマ：「AI 技術の積極導入」

参考意見・メリット	重要度	反対意見・デメリット	重要度
□----------------------	3	□----------------------	5
□----------------------	5	□----------------------	5
□----------------------	2	□----------------------	2
□----------------------	1	□----------------------	1
□----------------------	1	□----------------------	1
□----------------------	4		
□----------------------	3		

ほとんどが賛成の立場であり、仮に自分が賛成派だったとしても、あえて反対立場から仮説を考えることは意思決定の精度を高めるために必要です。

テクニカルなアドバイスを伝えると、「自分も賛成ですが、リスクチェックとしてあえて反対の立場からコメントします」と断って発言すれば、反対コメントが自分の意見だと混同されずにすむのでオススメです。

②意思決定マトリクスを活用して考える

より多面的に物事を考えるツールとして「意思決定マトリクス」を活用するのも有効です。(図6)意思決定マトリクスとは、複数のアイデアや考えなどの選択肢を評価・選択するためのフレームワークです。行にアイデアを記入し、列に評価項目を記入していきます。

評価項目については、自分たちが意思決定に際して重要だと考える評価項目を列挙し、それぞれの評価項目ごとに重要度の重みを付加します。マトリクスができたら、それぞれのアイデアに対して各項目で点数化していきます。

一般的にはこの点数の合計が高いアイデアを採用しますが、状況によっては、合計点よりも特定の項目で飛び抜けているアイデアを選ぶ場合もあります。

記入方法は点数ではなく「◎○△×」でも構いませんし、具体的な情報を文章で書き込んでも構わないと思います。自分の業務で活用しやすいようにアレンジしてください。

意思決定マトリクスは関係者で多面的に検討し、納得感を持って意思決定するのに非常に便利なツールです。プロコン表や意思決定マトリクスは、多面的な思考を促進してくれる非常に実践的なツールですのでぜひ日々の業務で活用してください。

③目標を極端に高くして考える

二項対立や意思決定マトリクスでよい仮説がなかなか浮かばないような時は、頭が

図6　意思決定マトリクス

意思決定マトリクス：新商品のアイデア評価の場合

	市場規模	差別化	実現可能性	将来性	収益性	合計
重み	×3	×1	×2	×1	×3	—
アイデアA	5	3	4	5	2	37
アイデアB	4	3	3	2	2	29
アイデアC	4	2	5	3	4	39
アイデアD	2	4	2	2	3	25

固くなっている可能性があります。

そんな時は頭を柔らかくして発想を広げるために、達成したい目標を極端に高く設定して考えてみましょう。次のようなイメージです。

目標の極端なレベルアップ
・ムダな会議を減らしたい↓「社内会議を0にする！」
・新規事業のアイデアを二つ考え出す↓「新規事業アイデアを100個考え出す！」
・アクティブシニア向けのビジネスチャンスを見つける↓「アクティブシニア向けの新規事業で3年後に100億の売上を作る！」

いかがでしょうか？ 現実的ではないと笑ってしまうかもしれませんが、目標を極端に高くすると、今までと同じ発想では絶対に達成できませんから、過去の延長や既存の改善ではなく、全く新しいアプローチで戦略仮説を考えなければなりません。

目標を極端に高く設定すると、「従業員の数を1／10にすれば会議を0にできるかもしれない」「TVCMで新規事業の募集をしたら100以上集まるのではないか」「アクティブシニア向けの事業を三つM&Aすればいいのでは？」のように大胆な仮説が生まれてきます。

大胆な仮説はそのままでは採用しにくいものですが、着眼点や着想がユニークで発想を広げるキッカケになります。その仮説を現実に適用可能な仮説へと変換することで、よい仮説につながることがあります。

④ブレストする

ブレストはブレインストーミング（Brain Storming：ＢＳ法）の略で、「アレックス・Ｆ・オズボーン氏が１９３８年に発案した、アイデア（仮説）を出すための会議手法です。目新しさはありませんが、きちんと活用すれば、本当に仮説が量産できる素晴らしい手法です。ブレストは複数人がそれぞれの立場で大量のアイデアを出し合い、相乗効果によって１人では思いつかない斬新なアイデアを作り出すことが目的です。

複眼思考を１人で行うのではなく、文字どおり複数の人間の眼でアイデアや仮説を生み出す方法です。オズボーンによれば、ブレストによってあるアイデアが新たなアイデアを生む連想効果が生まれれば、アウトプットは65～93％増えるとのことです。

ブレストを成功させるには三つのポイントがあります。一つ目はブレストルールを遵守すること。二つ目は参加メンバーを工夫すること。三つ目は優秀なファシリテーターに入ってもらうことです。まずはブレストを機能させる四つのルールを説明します。

ルール1：判断をしない。特に批判は厳禁

自由な発想を制限するような判断、特に批判はしない。とにかく自由なアイデアを得ることが最大の目的なので、それを阻害するような判断・批判はしてはいけません。ありがちなのは「予算がないからできないね」という判断ですが、これはいけません。

ルール2：すべてのアイデアを歓迎する

ブレストの場ではアイデアに優劣はない、と考えます。奇抜で斬新なアイデア、論点がズレているかもしれないアイデア、新しさを感じないアイデア、アイデアになっていない想いなど、とにかくすべてアイデアを歓迎します。この時に「それもいいねー」と相槌を打つと場が温まります。

ルール3：とにかく量を重視する

考え抜かれている必要はありません。とにかく、できるだけ多くのアイデアを出すことが優先されます。

ルール4：アイデアを結合して進化させる（結合改善）

アイデア同士をつなげたり、アイデアを部分的に変化させたりすることで、さらに新しいアイデアを作っていくことを、参加メンバーが意識するということです。他人の意見に「もっとこうしたらどう？」「これもありじゃない？」と便乗することがむしろ推奨されます。

ブレストの参加メンバーにも気を配る

ブレストは身近な上司や同僚と実施することが多いと思いますが、そのような時はハイコンテクスト（コミュニケーションに際して共有されている体験や感覚が多い）なので、価値観や考えが似ていることも多く、新しい仮説やアイデアが得られないことも多いものです。

次のような会議に心当たりはありませんか？

・女性の活躍推進を検討する委員会のメンバーがほぼ男性
・アクティブシニア向けのサービス開発を検討するメンバーの全員が30代
・SNSを活用した効果的プロモーションを企画するメンバー全員が、ほぼSNSをやっていない
・地域活性プロジェクトを推進しているメンバー全員が東京に在住している

偏った価値観や属性のメンバーである上に、ブレストテーマのターゲットが全く含まれていません。

このような時は、意図的に価値観やバックグラウンドが違う人や、ブレストテーマのターゲットを参加メンバーとして招集しましょう。

また参加メンバーを考える時、たいていはプロジェクトやその業務に直接関係がある人を前提に考えると思いますが、ブレスト時はその固定観念を捨てましょう。

社内を見渡してみると、「とにかく発想が面白い人」「とにかく細かい点に気がつく人」「いつも指摘が本質的な人」「いつも突拍子もないことばかり言う人」などいろんな人がいます。皆さんの頭の中にも具体的な顔が思い浮かびませんか？

そんな極端な発想や指摘ができる人は積極的にブレストに巻き込みましょう。ブレストはアイデアや仮説をできるだけ多く出すことが目的ですから、いつもと違うメンバーで、違った観点からの刺激が多いほうがアイデアや仮説が出やすくなります。

一方で、専門性が高い課題や業界特有の課題など、ある程度の前提知識やコンテクストがないと言葉が通じず、ブレストが機能しないケースもあります。そんな時は前提知識を揃えつつ、異なる価値観を持っていそうなメンバーを探すのがよいと思います。

また、ブレストは何も社内だけで完結する必要はありません。クライアント・顧客・パートナー企業・専門家・他業界やＮＰＯに勤めている知人など、さまざまなバックグラウンドを持った社外の人を巻き込めるとよりダイナミックなブレストになります。

最後の決め手はやっぱりファシリテーター

ルールを設定し、多彩なメンバーを招集できたとしても、最終的にファシリテーションが上手くなければブレストは機能しません。特に多彩な価値観を持つメンバーが多ければ、アイデアは数多く出たとしても、アイデアをつなげる・進化させるということができずに不完全燃焼で終わってしまいます。

また、初対面同士の場合やブレストに慣れていないメンバーが多い時などは、アイデアを持っていても積極的に話してくれない…という状況になります。そんな時にはやはりファシリテーターのスキルが必要になります。あなた自身がファシリテートできなくてもよいですが、社内でファシリテーションが得意な人を把握しておき、ブレストの時に協力してもらえるような関係性を作っておくなどの工夫をするとよいでしょう。

私はブレストのファシリテーションをやることも多いのですが、心がけているのは自分自身もブレストテーマに関するアイデアや仮説を複数用意しておく、ということです。

例えば売上回復のアイデアをブレストする際に、「自社製品のみならず、他社製品も販売できるというのはどうだろう？」と具体的なアイデアを投げかけます。また、出されるアイデアや仮説が偏ってきたら、「□□という別の観点から考えてみたらどうでしょう？」や「顧客の立場だったら自社商品をどう評価するでしょうか？」「反対に営業の立場だったらどう考えますか？」のように、視点を変えるための質問を投げかけます。

ファシリテーターが複眼思考の持ち主で、さらに質問方法の引き出しを豊富に持っている場合、ブレストは一度に大量の仮説が得られるエキサイティングな場となります。

ブレストで仮説を量産できるかどうかはファシリテーターの腕次第です。

⑤アイデアや仮説を出しやすくするツールを活用する

最後に、アイデアや仮説出しの際によく利用されるツールを二つほどご紹介します。

オズボーンのチェックリスト

ブレストを考案したオズボーンが作った発想法です。以下に挙げる九つの視点で物事を考えると、新しいアイデアや仮説が生まれやすくなる、というものです。

1. 転用：新しい使い方はないか？
2. 応用：他からアイデアを借りられないか？
3. 変更：意味、色、働き、音、匂い、様式、型を変えられないか？
4. 拡大：より大きくできないか？　何か追加できないか？
5. 縮小：より小さくできないか？　何か省略できないか？
6. 代用：ほかのもので代用できないか？
7. 置換：入れ替えてみたらどうか？
8. 逆転：上下・前後・順序などを逆にしてみたらどうか？

9．結合：組み合わせたらどうか？

仮説思考が習慣化している人やアイデアマンと言われる人は、このような視点を自然に使い分けて発想していると思います。またブレストを活性化するために、ファシリテーターがオズボーンのチェックリストを問いとして使うのもよいと思います。

マンダラート

曼茶羅《まんだら》とは仏教（密教）における世界観を視覚的にあらわした絵画ですが、この曼茶羅のように中央から放射状に広がるマスを用いた発想法がマンダラートです。

マンダラートはデザイナーの今泉浩晃氏によって考案された発想法で、その使いやすさと有効性からビジネスの場で広く活用されています。

マンダラートのやり方は非常にシンプルです。紙やパソコンで3×3のマスを作成し、考えるべきメインテーマを中央に書き、それに関連した事柄を周辺に書いていきます。

具体的には次のようなイメージです。（↓114ページ図7）

「アクティブシニア向けの新規ビジネス」というテーマから連想される言葉を周囲の八つ

のマスに埋めていきます。そして今度は、それぞれの周辺のマスを中心にして、さらに周囲の八つのマスに連想される言葉を埋めていきます。

この際に大事なのは、8×8＝64個のマスをすべて埋めるということです。すべてのマスを埋めるというのは、慣れていないとなかなか大変な作業です。しかし、とにかく何でもよいので捻り出して埋めていきます。そして最後は、こうして生み出した64個のアイデアを組み合わせていきます。

「病気を登録して、同じ病気で悩んでいる人をマッチングするSNSサービスはどうだろう？」

「笑うことを活動目的にした、会員制サークルの企画・運営はどうだろう？」

「旅行先で素敵な風景画をみんなで描くといった趣味と旅行を組み合わせたツアーはどうだろう？」

64個でよい組み合わせが出てこない場合、最初の八つのマスの要素を変えてみたり、マンダラートをさらに広げていくなどして、違うアイデアを出していくとよいと思います。

図7　マンダラート①

マッチング	旅行	趣味
テクノロジー	**アクティブシニア向けの新規ビジネス**	再就職
グルメ	スポーツ	健康

同級生	異性	若者
趣味	**マッチング**	企業
地域	病気	価値観

バドミントン	サッカー	テニス
水泳	**スポーツ**	ゴルフ
バスケットボール	卓球	野球

マンダラート②

同級生	異性	若者	車	国内	海外	スポーツ	料理	習字
趣味	**マッチング**	企業	電車	**旅行**	宇宙	旅行	**趣味**	絵画
地域	病気	価値観	散歩	隣町	思い出の土地	工芸	音楽	陶芸
ロボット	SNS	AR	マッチング	旅行	趣味	中小企業	大企業	学校
オンラインゲーム	**テクノロジー**	VR	テクノロジー	**アクティブシニア向けの新規ビジネス**	再就職	研究機関	**再就職**	NPO
Apps	AI	IoT	グルメ	スポーツ	健康	官公庁	自治体	サークル
エスニック	中華	和食	バドミントン	サッカー	テニス	趣味の時間	バランスよい食事	適度な運動
一番まずい	**グルメ**	イタリアン	水泳	**スポーツ**	ゴルフ	必要十分なお金	**健康**	知人との交流
一番美味しい	洋食	フレンチ	バスケットボール	卓球	野球	家族の絆	笑うこと	スクワット

オズボーンのチェックリストもマンダラートも、複眼思考を助けてくれる強力なツールです。

仮説を量産するための複眼思考②：人の情理を多面的に捉える方法

物事・事象を論理的に多面的に捉え、正しい打ち手を講じているにもかかわらず、課題が解決しないことは多々あります。そんな時はたいてい、論理ではなく情理に課題が残っているものです。ここでは情理の仮説を考える思考方法をお伝えしていきます。

情理の仮説を考えるとはつまり、「誰が・何を・どう考えるのか・どう感じるのか、を考える」ということです。くり返しになりますが、仮説思考2.0では論理だけでなく、情理も考慮して仮説を考えるアプローチです。

①基本中の基本。「相手の立場に立って」考えること

あらゆる物事には多くの関係者がいて、それぞれが何らかの立場に立ってビジネスを推進しています。

職位ならば経営者・部長・課長・平社員であり、職責ならばプロジェクトオーナー・プロジェクトマネージャーなどです。

受発注の関係では顧客・営業担当・サプライヤーなど、立場は無数にあります。

ある物事や課題において「相手の立場に立って考える」ということが、情理を考える上では最も重要です。

効率的に利益を増やしたいと考える経営者と、少ない労働時間で高い給与をもらいたいと考える従業員。

よいものを安く購入したい顧客と、自社商品を少しでも高く買ってもらいたい営業担当。

自分の任期中には大きな改革をしたくない部長と、新しい改革や挑戦をどんどん推進したい若手と、その間に挟まれてどっちつかずの主張をする課長。

実際のビジネスシーンでは立場によって成し遂げたいことが根本的に矛盾することは多々あります。「新しい改革や挑戦はすべきであって、それを推進しないのは間違っている」と若手が断言してしまうのは短絡的ですし、その意見を主張しても物事は進みません。

任期があと1年の部長にとって、仕掛りとなる大規模な改革は最後までやり切れないから着手したくないのかもしれませんし、単に面倒くさいだけかもしれません。

ここで重要なのは、「新しい改革や挑戦はすべきであって、それを推進しないのは間違っている」と短絡的に考えて思考を止めずに、部長の気持ちや考えに着目して、「なぜやりたくないと思っているのか？」というＷＨＹを起点とした現状仮説、「どうしたらＹＥＳと言ってもらえるのか？」というＨＯＷを起点とした戦略仮説を考えることです。

部長が乗り気にならないのが「任期中に最後までやり切れないのが申し訳ない」という責任感が理由ならば、改革プロジェクトをフェーズ化して、あるフェーズまでやり切ることを提案すれば納得してくれるかもしれません。「面倒くさい」と思っているならば、お手を煩わせないことを丁寧に説明すればよいでしょう。

課長の立場に対しても同様で、どっちつかずなスタンスでいる理由について「部長と若手それぞれの要望を両立させる解決策を本気で実現したい」と思っているからなのか、あるいは「改革には無関心でどちらでもよい」と思っているからなのかなど、ＷＨＹを起点にして現状仮説を考え、その上で、それを解決するためのＨＯＷを起点とした戦略仮説を考えます。

関係者それぞれの立場になり、それぞれの気持ちや考えに着目して現状仮説を考え、それらを統合的に解決できる戦略仮説を考えると、各々が納得できる解決策が導きやすくなります。

②相手の気持ちを深く理解する方法は実際に体感すること

「相手の立場に立つ」と言っても、実際に男性が女性になることはできませんし、平社員がいきなり部長に昇格することもできません。

ただ例えば、東京在住の人が過疎化の進んでいる地域を出張で訪れることはできるので、地域差はある程度体感が可能です。その地で生活している人たちの顔ぶれや表情、目抜き通りの賑やかさ、営業しているお店の種類などを観察し、その地に住んでいる人々と交流することで東京以外の価値観を体感すれば、その地域の立場から仮説を考えられるでしょう。一定期間住んでしまえばより深いレベルで、新しい考え方・物事の見方を見つけることができます。

私も上海・ソウルの駐在時に異国の価値観・生活にふれ、日本の常識と各国の常識のズレを体感しましたし、千葉県での一年間にわたる農業体験を通して、農家の人々との生活価値観の違いを体感し、自分の常識＝東京の常識、もっと言うと変化の激しいＩＴ業界の常識に過ぎない、ということに気がつくことができました。体感による新しい視点の獲得効果は非常に大きいものです。

ここで体感をキーワードにした面白いサービスを二つほどご紹介しておきます。

一つ目は東京ガスが新宿ショールームで開催している「シニアシミュレーション」です。高齢者の身体機能の衰えや心理的変化を実際に体感することで、高齢者のことを深く理解し、快適な生活環境・住環境を考えるキッカケを提供しています。

「うらしまたろう体験（外に現れる老化）」と「認知症シミュレータ（精神機能の老化）」というメニューがあり、「うらしまたろう体験」では、重りやサポーター、耳栓、特殊メガネなどの高齢者疑似体験セットを装着し、階段の上り下りや床座・椅子座、浴槽の出入りなどを実際に行います。車いすを使って、床段差や開口幅などの違いなども比較できます。

二つ目は「ダイアログ・イン・ザ・ダーク」です。このプログラムでは、参加者が完全に光を遮断した空間の中へグループを組んで入り、暗闇のエキスパートである視覚障がい者のアテンドにより、中を探検し、さまざまなシーンを体験します。その過程で視覚以外のさまざまな感覚の可能性と心地よさに気づき、コミュニケーションの大切さ、人のあたたかさなどを思い出させてくれるプログラムです。

1988年、ドイツの哲学博士アンドレアス・ハイネッケの発案によって生まれたダイアログ・イン・ザ・ダークは、世界41カ国以上で開催され、800万人を超える人々が体験。日本では、1999年11月の初開催以降、東京・外苑前会場と、大阪「対話のある家」を中心に開催され、これまで21万人以上が体験しています。

私は「シニアシミュレーション」も「ダイアログ・イン・ザ・ダーク」も、それぞれ30代で体感しました。

シニアシミュレーションでは、膝と肘の関節が不自由になるだけで、階段の登り降りや着座起立が本当に苦痛に感じられましたし、ダイアログ・イン・ザ・ダークでは、視覚を使わずに生活する怖さと楽しさ（なぜか時間の感覚が変わります！）を体感し、属性の違いによる感じ方・考え方の違いを深いレベルで学ぶことができました。

子どもがいらっしゃる方の中には、出産前の両親学級で妊婦ジャケットを装着して、妊婦の身体の重さや不自由さを体感した方もいるのではないでしょうか。

こうした経験の蓄積が、ある課題や施策を考える際に「別の属性の人だったらどう考えるだろう？」という視点を変えて考える習慣につながっていきます。

ちなみにご存知の方も多いと思いますが、子どもに警察や消防士などの職業体験をさせる「キッザニア（豊洲）」や、漁業や農業など一次産業の体験をさせる「モリウミアス（宮崎県石巻市雄勝町）」も、子ども向け教育施設ではありますが、職業体験を通して新しい価値観や視点を学ぶという意味で本項と通ずるコンセプトの施設だと言えます。

③役者になって「なりきる」

世の中にあらゆる属性や職業を体感できる機会があれば理想なのですが、現実はそうもいきません。そんな時に役立つのが「なりきる」という方法です。

「なりきる」をもう少し具体的に説明すると、理解したい対象となる人の身振り手振り・話し方・表情などを徹底的にまねながら、その人になったつもりで考える、ということです。役者になったつもりで、なりきるのです。

注意すべきは「『自分が』相手の立場だったらこう考える」のではなく、まずは「相手になりきり、相手の世界観・価値観にならって考える」ということです。そのレベルで考えるためには、身振り手振り・話し方・癖などをまねることが重要なのです。

実際にやってみるとわかるのですが、身振り手振り・話し方・癖などの身体感覚をなぞっていくことによって、相手の感情や価値観に気がつくことができます。

例えばいつも怒ってばかりの上司。上司が怒っているシーンを想像しながら、上司の身振り手振りや口調、言葉を実際に自分で表現していくと、そこには怒りだけでなく、迷いや不安のような感情が感じ取れたりするものです。

ちなみにこのなりきりによって、新しい気づきを得られるかどうかは想像力や感受性の有無が重要なのですが、想像力や感受性を発揮するには、情報や知識の蓄積をベースとした仮説が必要です。上司になりきる場合では、役職・ミッション・業務内容など、ビジネス上の情報だけなく、主義主張や価値観、興味・関心、人間関係や交友関係など、上司にまつわるさまざまな情報を事前にインプットしてみるということです（上司からしたらちょっと怖いかもしれませんね）。

インプットの結果、「上司が家族トラブルを抱えている」「健康診断の結果が悪かったらしい」ということを知ったならば、「家族トラブルのことで心に余裕がないのだろう」「自分の身体に対する不安が情緒不安定につながっているのかもしれない」という仮説を持つことができるようになり、さらに上司の苦しみや不安を感じられるようにもなります。なりきることで、新しい視点や仮説を獲得するとともに、相手に対する共感が生まれます。

なお本書では「役者になってなりきる」とカジュアルに表現していますが、これは社会学や心理学では「模倣学習」ＮＬＰでは「モデリング」などと呼ばれている学びの手法です。

④企業が人格を持っていると考える

企業は法人と呼ばれます。法人とは、企業が人格を持っているという考え方です。企業は永続的な成長のために、それぞれビジョン・戦略・価値観などを持って活動しています。企業のビジョンや価値観は人のビジョン（理想の姿）や価値観と同様ですから、企業に人格があると考えることに違和感はありません。

だとするならば、「相手の立場に立って考える」というアプローチを企業にあてはめることも可能です。その際に役立つのが３Ｃ分析と5F分析というフレームワークです。

３Ｃ分析を活用して考える

３Ｃ分析の「Ｃ」は、Customer（市場・顧客）、Competitor（競合）、Company（自社）を表しています。３Ｃ分析の本来の使い方は、特定の業界・市場の事業環境を分析する際に、三つのステークホルダー（３Ｃ）の立場に立って、市場の機会と脅威を洗い出すことです。

あらゆるビジネス課題は３Ｃそれぞれの活動の複合的結果ですから、自社が抱えている課題を、市場・顧客・競合それぞれの活動の何らかの影響であると捉え、それぞれの立場から考えることで新しい仮説を構築できます。

例えば自分が担当する商品の売上不調要因を次のように考えることができます。

・市場規模自体が伸び悩んでいるのではないか？
・顧客ニーズの変化をキャッチできていないのではないか？
・競合の新商品やキャンペーンに顧客が流れているのではないか？

5F分析を活用して考える

5F分析はもともと、各業界における五つの競争要因を評価し、業界の収益性や業界の魅力度を把握するためのフレームワークです。

五つの競争要因とは、①既存の競合企業同士の競争　②買い手（業界にとっての顧客）の交渉力　③サプライヤーの交渉力　④代替品の脅威　⑤新規参入者の脅威ですが、仮説思考の文脈では、競合企業・顧客・サプライヤー・代替品を提供している企業・新規参入者という、異なる五つの人格を持った法人がいると考えます。

3C分析の視点に加えて、「サプライヤーの立場に立つとどうか？」「代替品を提供している企業の立場に立つとどうか？」「新規参入者の立場に立つとどうか？」という仮説を考えることになります。

自社（自分）のみならず、市場に存在しているさまざまな立場の企業（関係者）の立場に立つことで、自社のみならず、他企業の狙いや思惑という『気持ち』を想像できるようになります。

情理の論点の優先順位はどうやって決める？

情理、すなわち人の気持ちに着目して仮説を考える方法をお伝えしてきましたが、情理に関する課題が複数想定される場合は、論理と同様に論点の優先順位づけが必要です。

（↓55ページ「論点の優先順位を考える」参照）

論点の優先順位は「ビジネスインパクトが大きい×成果のタイミングが速いものを優先度が高いと考える」でした。

では情理におけるビジネスインパクトと成果のタイミングとは、どのように考えればよいのでしょうか？ 情理におけるビジネスインパクトは、意思決定者と意思決定者が気にしているキーパーソンの意向の総和です。「彼らの意向（プロコン視点で）の総和をビジネスインパクトの大きさ」と考えます。

そして成果のタイミングとは、彼らからの同意・共感を得るまでに必要な期間と解釈します。再び「ムダな会議が多いのはなぜか？」という論点に対して、情理から課題の仮説を考えると次のようになります。

「ムダな会議が多いのはなぜか？」→「課長が会議好きで、会議をやりたがるのではないか」→「課長が会議をやりたがるのは、自分が偉いという感覚を得られるからではないか？」→「自分が偉いという感覚を得たいのは、会議以外で自己有能感を感じる機会が少ないからでは？」となります。

課長には随分と失礼な現状仮説になってしまいました。あくまで仮説です。

この現状仮説に対して「課長に対して事あるごとに『流石ですね！』と伝えて有能感をくすぐり（ヨイショ！）、頃合いを見て減らすべき会議体を提案する」という戦略仮説を考えたとします。

この場合のビジネスインパクトは課長と、会議に同席している部長の意向だと考えます。2人とも賛成なのか、どちらかが反対なのか、2人とも反対なのかによってビジネスインパクトの大きさが変わります。そして成果のタイミングは、戦略仮説の中にある「頃合いを見て提案し、同意を得られるまでの期間（例えば1ヶ月後など）」となります。

ちなみに、このような戦略仮説は「単なるヨイショだからやりたくない！」と感じた方はおそらくビジネスの推進力が低い方だと推察されます。

と言うのも、私は自社のみならず、クライアント・パートナー企業・アドバイザリーを務めている企業など多くの企業とのお付き合いがありますが、驚くほど多くの会社がこの手のヨイショを駆使して、人を気持ちよくさせながらビジネスを動かしています。

多くの人は頭で判断していると思っていても、実は好き嫌いや自分にとって気持ちいいかどうかで意思決定しているものです。「人間は自分が一番かわいい」というのは本質的な人間の理解だと思います。一流のビジネスパーソンほど、この本質的な人間の理解を踏まえて、適度にヨイショしつつ上手く周囲を動かしています。もちろん、ヨイショのやり過ぎは逆効果になるのは言うまでもありませんが、周囲を動かす際の有効な潤滑油になることは多いものです。（やり過ぎが逆効果にならなかったら、それはそれで問題ですが…。）

話を戻しますが、情理の論点を考える際の視点は、「ビジネスインパクト×成果のタイミング」＝「意思決定者および、意思決定者が気にしているキーパーソンの意向の総和×意向をポジティブに変えるまでに必要な期間」だと覚えておいてください。

仮説を量産するための複眼思考③：あらゆる物事を構造的に考える

ここまでにお伝えしてきた仮説の作り方は、主に視点を変えることで新しい仮説を得ようとするアプローチでした。

一方、これから扱っていく「構造的に考える」というのは、物事を分解したり統合したりすることで、新しい仮説を得ようというアプローチです。（図8）

まず「構造的に考える」とは一体どのようなことなのか、について考えていきたいと思います。

あらゆる物事・事象はそれ単体で成り立っているわけではなく、必ずいくつかの構成要素の組み合わせで成り立っています。身近な例では大企業の組織図を想像してください。

会長や社長をトップに、取締役・執行役員・本部・部・課・係など、役割に応じて組織は構造的に編成されています。

例えば人間の身体の不調にしろ、企業の組織疲弊にしろ、「全体的にいつも疲れていて元気がない」という粗い分析では原因が特定できません。

身体であれば、腰や背中のハリなのか、胃や肝臓など内臓系の疲れなのか。企業ならば特定の部門や年代のモチベーション低下が原因なのかなど、まずは構成要素に分解します。

そうして分解した後に「背中や腰のハリは長時間のデスクワークや運動不足が原因だろう→毎日ストレッチや運動をしよう」というような身体の喩えを、会社の場合に適用して考えてみると、「ムードメイカーである営業部門が業務に忙殺されていて、十分な休暇が取れていないのだろう→この四半期は毎月1日、強制的に有給休暇を取得させよう」のように、分解要素ごとに現状仮説・戦略仮説を考えていくことが、構造的に考えるということです。

ビジネスシーンにおいては、物事・事象

図8　仮説発見のアプローチ

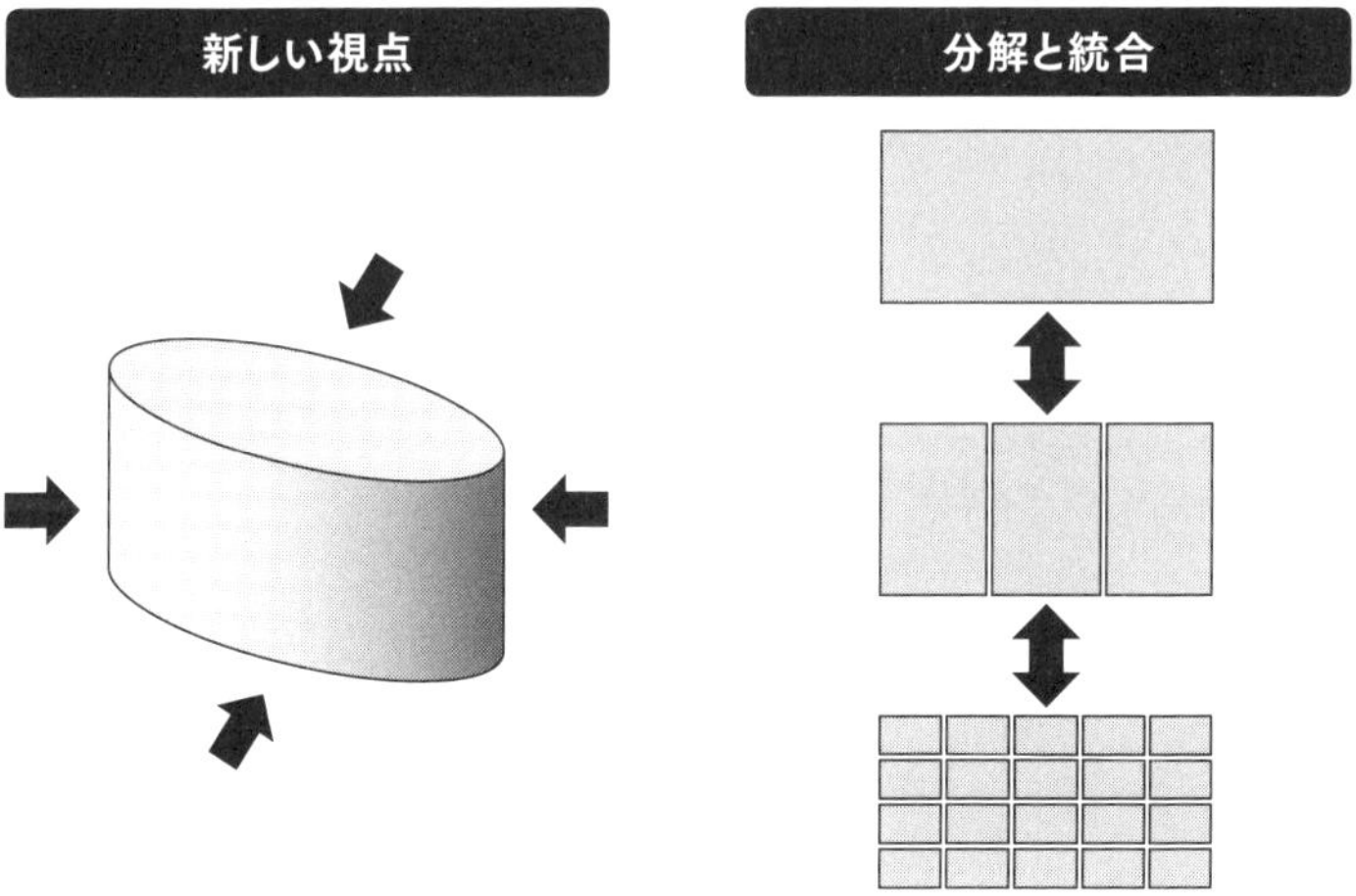

を構造的に考える際に役立つフレームワークは数多くありますので、代表的なものをいくつかお伝えしていきます。

①方程式で要素分解して考える

（ⅰ）売上分析の場合：売上＝本数×売価

ある事業や商品の売上分析をする機会は多いと思います。売上が好調な理由、不調な要因などを明らかにしていくわけですが、売上はどんな事業・商品であっても売れた本数×売価に分解できます。

これをもう少し分解すると、「本数＝購買した顧客数×顧客の平均購入頻度」であり、「売価＝正価－値引き額」となります。

売上＝平均本数×平均売価＝（顧客数×顧客の平均購入頻度）×（正価－値引き額）

売上がこのように分解できることを知っていれば、売上好不調の要因分析をする際に次のような仮説を考えることができます。

（現状仮説の例）

・売上が下がっているのは、マーケティング不足によって顧客数が減っているからではないか

・売上が下がっているのは、節約志向が働いて顧客の購入頻度が落ちているからではないか

・売上が下がっているのは、企業の予算削減によって購入スペックが下がっている（正価が下がっている）からではないか

・売上が下がっているのは、新人営業担当が増えて、過剰な値引き対応をしているからではないか

また、顧客数をさらに、

顧客数＝既存顧客数＋新規顧客数

と分解すると、次のような仮説が考えられます。

・新規顧客へのマーケティングを強化しすぎた結果、既存顧客への投資が疎かになっているので、売上が下がっているのは既存顧客の減少が要因ではないか

また、売上全体ではなく、特定商品Aの売上方程式も同様に次のように考えることができます。

商品Aの売上＝商品Aの顧客数×平均購入頻度×（商品Aの正価－値引き額）

商品Aの売上＝｛商品Aの既存顧客数×平均購入頻度×（既存顧客の正価－値引き額）｝＋｛商品Aの新規顧客数×平均購入頻度×（新規顧客の正価－値引き額）｝

競合が類似品を投入しているならば、商品Aの新顧客数が減っているかもしれませんし、商品Aがコモディティ化したことによって既存顧客への値引きが増えているかもしれませ

ん。商品Aに課題がなければ、別の商品Bや商品Cも同じように分析していきます。

このように売上の構成要素を細分化していき、「分解した各要素のどこに課題がありそうか？」という仮説を、自社の状況や実行施策などを踏まえて考えていくことで、仮説の質が高まっていきます。

（ii）市場規模算出の場合：市場規模＝顧客数×売価×購入頻度

新規事業や新商品開発の事業計画を作成する際に、市場規模を算出することがよくあります。

精緻な数字を出すことは非常に難しいのですが、初期的数字として便利な考え方をご紹介します。例えば男性をターゲットにした電気シェーバーの場合で考えてみましょう。

見込み顧客はひげ剃りが必要になる男性ですから、いったん成人男性すべてとします。成人男性の数は総務省が算出している人口推計から引用します。

ひげ剃りは電気シェーバー派とカミソリ派がいるため、いったん70％は電気シェーバー派であると仮定します。「価格・ｃｏｍ」などを参考にしながら、電気シェーバーの平均価格は2万円と想定しました。

また電気シェーバーですが、1回購入すると4～5年は使い続けると思うので、年間購入回数は0・2～0・25だとします。小数点になっているのは1年に1回も買わないためです。

【日本の成人男性：5054万人（2018年4月1日時点、総務省人口推計より）】×【電気シェーバー派：70％】×【平均売価：2万円】×【購入頻度：0・2～0・25】＝1415億～1768億円

市場規模は約1400～1700億円という数字になりました。成人男性の人数以外はすべて仮説ですから、この数値の妥当性はもちろん別途検証が必要です。

ただ、仮にこの市場規模が最大だと考えた際に、新商品の単価や購入率がどの程度になる見込みで、3年後にどの程度の市場シェアを取れそうなのか、ということから数字を算出していきます。どんな事業・商品にも期待されている売上規模があると思います。大きな売上規模を期待されているならば、それに見合った市場規模が必要となります。

まずはラフな仮説ベースで構わないので市場規模を算出してみましょう。

「新規事業で売上50億！」と軽々しく会話されることがありますが、具体的に市場規模を算出してみると、その困難さが実感され、企画や計画の修正を余儀なくされるというのはよくあることです。そもそも市場規模が売上計画を下回っているケースさえあります。

売上分析や市場規模算出のように、数字で分解できるものは分解し、その数字の増減要因や妥当性を考えることが仮説構築につながります。

②成果を出すために必要不可欠。因果関係をボトルネックまで考える

すべての物事・事象は方程式のように、シンプルに要素分解できないものです。多くの場合、要素は無数にありますし、各要素同士が影響しあって何らかの関係性が生まれているからです。この要素間の関係性を把握しなければ構造が正確に捉えられません。

関係性を把握する際にまずは相関関係や因果関係に着目していくのですが、ここでは因果関係について説明していきます。

因果関係とは、Aという原因があってBという結果が起きる、という構造のことです。

因果関係を考える際に最も重要なのは、「なぜ（WHY）？」を繰り返し考える」ことです。

「Cになっているのは Bが原因だからだろう。さらにBの原因はAなのだろう」というふ

うに、「なぜ?」を起点として現状仮説を深めていくことが因果関係を考えるということです。

ビジネスにおいて、A↓BあるいはB↓Aのように二つの変数で因果が完結していることはまずありません。A↓B↓C↓D↓E…のように、原因と結果の連鎖が連綿と続いていますが、大元の原因のことを「ボトルネック」といいます。

このボトルネックという言葉はここで始めて使いましたが、実は概念については論点の優先順位を考える際にふれています。

少し振り返ってみましょう。(図3再掲)

「ムダな会議が多いのはなぜか?」に対しては二つのラインで仮説の深掘りが進んでいます。

一つは「ムダな会議が多いのはなぜか?」↓「過去の慣習のまま続けている形骸化している会議が多いのではないか」↓「形骸化している会議が多いのは会議の運営責任者が不明確なのではないか」↓**「運営責任者が不明確なのは、会議の運営ルールが明文化されていないからではないか」**という仮説のライン。

図3

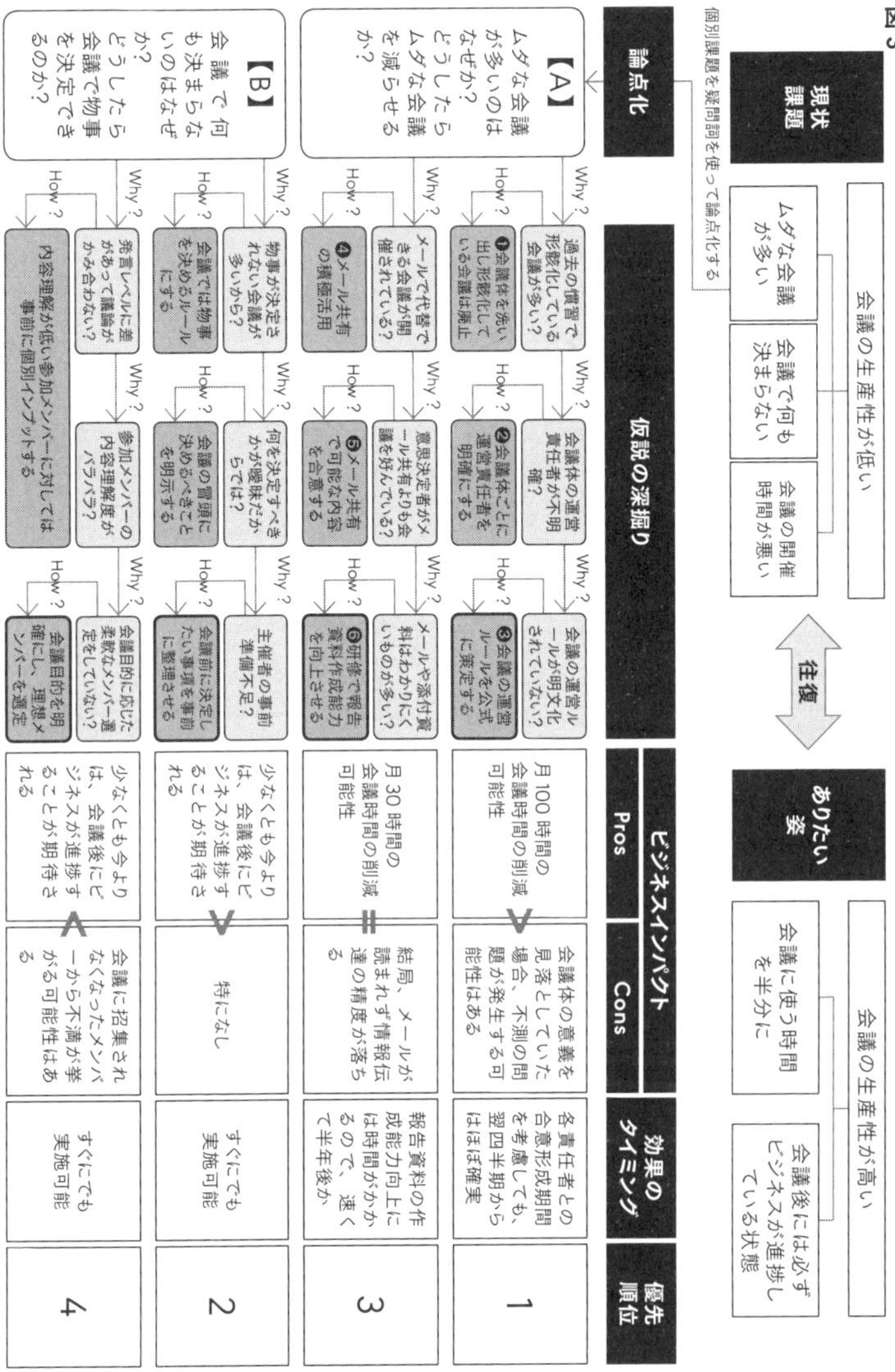

現状課題
会議の生産性が低い
ムダな会議が多い
会議で何も決まらない
会議の開催時間が悪い
往復
ありたい姿
会議の生産性が高い
会議に使う時間を半分に
会議後には必ずビジネスが進捗している状態
個別課題を疑問詞を使って論点化する
論点化
仮説の深掘り
ビジネスインパクト
Pros
Cons
効果のタイミング
優先順位
【A】ムダな会議が多いのはなぜか？どうしたらムダな会議を減らせるか？
【B】会議で何も決まらないのはなぜか？どうしたら会議で物事を決定できるのか？
Why？
How？
過去の慣習で形骸化している会議が多い？
会議体の運営責任者が不明確？
会議の運営ルールが明文化されていない？
❶会議体を洗い出し形骸化している会議は廃止
❷会議体ごとに運営責任者を明確にする
❸会議の運営ルールを公式に策定する
メールで代替できる会議が開催されている？
意思決定者がメール共有よりも会議を好んでいる？
メールや添付資料はわかりにくいものが多い？
❹メール共有の積極活用
❺メール共有で可能な内容を合意する
❻研修で報告資料作成能力を向上させる
物事が決定されない会議が多いから？
何を決定すべきかが曖昧だからでは？
主催者の事前準備不足？
会議では物事を決めるルールにする
会議の冒頭に決めるべきことを明示する
会議前に決定したい事項を事前に整理させる
発言レベルに差があって議論がかみ合わない？
参加メンバーの内容理解度がバラバラ？
会議目的に応じた柔軟なメンバー選定をしていない？
内容理解が低い参加メンバーに対しては事前に個別インプットする
会議目的を明確にし、理想メンバーを選定
月100時間の会議時間の削減可能性
＞
会議体の意義を見落としていた場合、不測の問題が発生する可能性はある
各責任者との合意形成期間を考慮しても、翌四半期からはほぼ確実
1
月30時間の会議時間の削減可能性
＝
結局、メールが読まれず情報伝達の精度が落ちる
報告資料の作成能力向上には時間がかかるので、速くて半年後か
3
少なくとも今よりは、会議後にビジネスが進捗することが期待される
＞
特になし
すぐにでも実施可能
2
少なくとも今よりは、会議後にビジネスが進捗することが期待される
＜
会議に招集されなくなったメンバーから不満が挙がる可能性はある
すぐにでも実施可能
4

もう一つは「ムダな会議が多いのはなぜか？」→「メールで代替できる会議が開催されているのではないか？」→「メールで代替されないのは、会議のオーナーがメール共有よりも会議体を好んでいるのではないか」→「**オーナーが会議体を好むのは、メールや添付資料だと内容がわかりにくいからではないか**」という仮説のラインです。

この太字部分の深掘りされた現状仮説がボトルネックだったのです。

論点の優先順づけは、ボトルネックを想定し、ボトルネックを解決した時のビジネスインパクトと成果のタイミングを考えていたのです。

ここで、ボトルネックまで考えることの重要性を、実際に私が行った分析事例を簡略化してご紹介します。

あるＢｔｏＢ企業が売上の昨対割れを起こしてしまい、その要因分析をした事例です。売上分析の第一歩は本数と売価に分解することですから、まずはそれに倣《なら》って仮説を考えました。（図9）

売価が下がっているのは「値引き率が上昇している」「高単価商材の比率が減少している」「クロスセル（商品の抱き合わせ販売）が減少しているのではないか？」と考えました。

次に本数が減少しているのは「営業マンの商談数が減少している」「見積提出から受注までの受注率（CVR）が低下している」「顧客の予算そのものが削減されているのではないか？」と考えました。

幸いにもここで挙げた仮説は社内の売上データや営業部へのヒアリングでファクトをすぐに集めることができ、関係者と議論を重ねた結果、シンプルに「値引きの上昇と商談数の減少がボトルネック」と思われたので、

・値引き金額は1万円単位で実施する
・値引率を毎月モニタリングする
・毎週のアポイント目標数を引き上げる

図9　売上不調の要因分析①

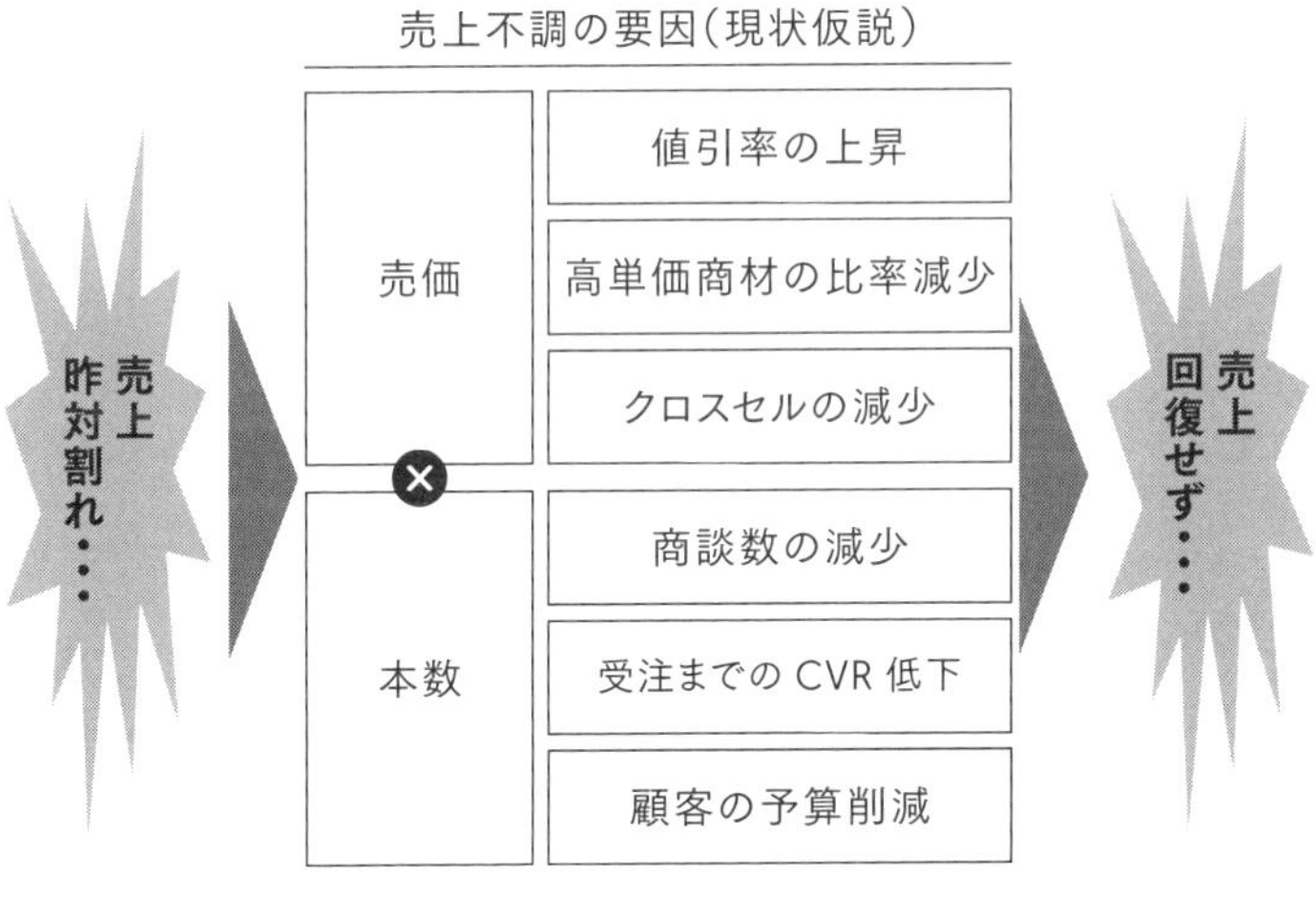

などを具体的な解決策として打ち出し、営業部門に実行してもらいました。そして数カ月後にどうなったかと言うと…、値引率は改善するどころかさらに悪化しました。

商談数は営業部門の頑張りで増えていたものの、売上は引き続き昨対割れでした。

私の仮説は外れてしまい、売上回復にはつながらなかったのです。大失敗です。

そこで改めて、「本数や売価を押し下げている別の要因の見落としがないか？」という観点から、営業部長や同僚と何度もディスカッションを重ねました。

営業部門が「商品の競争力がない。新商品がないとこれ以上の売上を伸ばすのは難しい」と言えば、企画部門は「営業部門の売り方が悪い。教育が疎かになっているのでは？」と言い返す状況。お互いがお互いを責め合ってしまうシーンもある中で、私たちは二つのある前提を持って議論していたことに気がつきました。（図10）

一つは「現場の営業が自分たちの若い時代と同じ実力を持っている」という前提で、もう一つは「自分たちの営業組織は業界で一番大きい」という前提でした。

一つ目については、営業の部門長はそれぞれ若かりし頃、営業でトップセールスの人材でした。したがって、営業現場を語る際の基準は、現場と同じ年齢だった頃の自分の実力が前提になっています。

自分と同じスキルの現場が値引きをしないと売れないのだから、商品力が落ちているに決まっている、というわけです。

二つ目については、営業や企画部門のみならず経営陣もでしたが、創業以来、営業組織の強さで成長してきた会社なので、営業組織は業界で最大最強である、という自負が根拠なくありました。

私は「この二つの前提が間違っているかもしれない！」と感じたため、営業部門の入社年次の構成比を算出するとともに、中堅の営業担当の商談に何件か同行しました。

また、主たる競合企業の営業人員数をあらゆる手段を使って調べました。

すると次のようなことがわかりました。

図10　売上不調の要因分析②

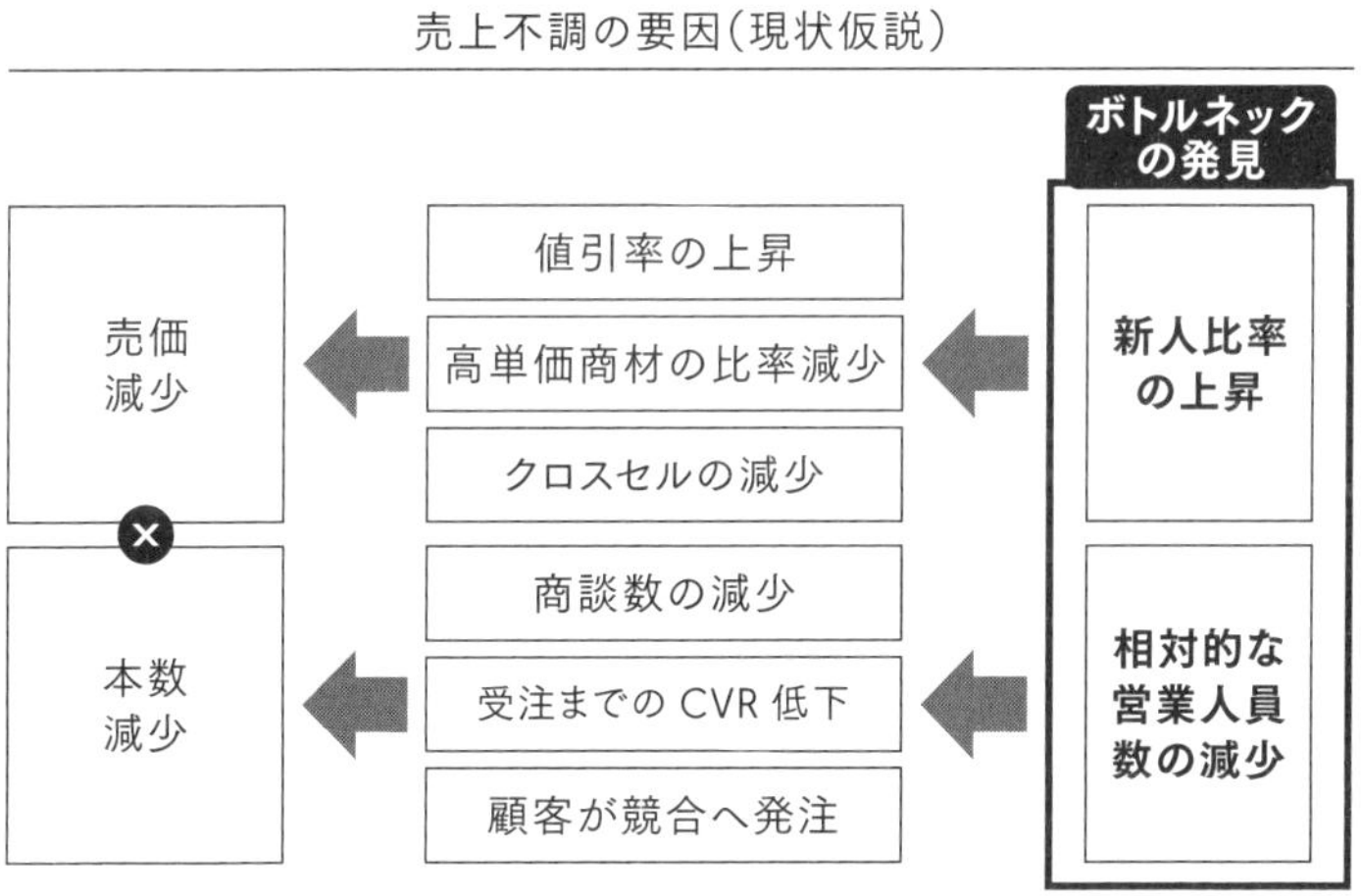

営業部門の人員構成は3年以内の新人が過半数であり、新人を教える立場の中堅の営業担当の商談スキルも当時と比較すると格段に落ちていました。

したがって、できるだけ値引きをせずに見積を交渉する手段も、値引きしないですむように商品価値を高めるような提案も、新人は教えられていませんでした。

「値引きを1万円単位でしなさい」と言われても、何をどうすればよいかわからない人材で溢れていたのです。

また競合の営業人員数についても、数年前は自社の半分しかいなかったにもかかわらず、自社と同等の規模に拡大していました。

競合の営業人員数が増えるということは、当然、アイミツ（相見積）も増えるため、値引きを要請される機会は増えます。そのような状況に若い自社営業は対応できていなかったのです。

この二つがボトルネックでした。

売上の本数や売価という側面の分析のみにフォーカスしており、営業組織の質や相対的な人員数という観点から課題を特定できていなかったという、痛恨の失敗でした。

ボトルネックにアプローチせず、表面的な課題を解決しても成果にはつながりません。

ビジネスの課題解決で重要なのはボトルネックにアプローチすることです。

この課題認識後は、新人教育の専門チームの立ち上げ、営業人員の採用を徹底的に強化という施策を打ち出し、それらを速やかに実行することによって、1年後には業績が復調して現在に至っています。

③上級管理職の必須スキル。一般化して考える

物事や事象を要素分解したり因果関係を明らかにするなど、物事を構造的に把握することで、課題や論点が具体的で明確になることをお伝えしてきました。

一方で、あまりに具体的な課題や施策が増えすぎると、「個別事象が多すぎて、到底すべてに対処できない」という状況になります。

特に管掌範囲が広い管理職、それも経営や本部長など上級管理職になればなるほど、個別事象の対処に追われていては時間がいくらあっても足りません。

「個別事象をまとめて解決するにはどうしたらよいか？」という戦略仮説を考える時に役立つのが、「一般化する」という考え方です。

一般化の定義は「物事に共通する性質を取り出して、一つの概念に統合すること」「統

合された概念が広く行き渡ること」などと訳されています。例えば、りんご・バナナ・パイナップルは一般化すると「果物」であり、にんじん・キャベツ・白菜を一般化すると「野菜」です。そして果物と野菜を一般化すると「食べ物」になります。一般化すると物事の抽象度が高まっていきます。

抽象度の高い「食べ物」という概念には、野菜や果物以外にも「肉」「スイーツ」「調味料」など、さまざまな食べ物が含まれます。例えば、自身の食生活を振り返る際に、「最近キャベツとりんごをあまり食べていない」とは考えずに、「最近野菜と果物をあまり食べていない」と考えますよね？　これは自然に一般化して食生活を振り返っているわけですが、この頭の使い方はビジネスの仮説構築に応用することができます。（図11）

ここではある企業の離職理由の調査結果をもとに、一般化について考えてみます。実際に離職した社員へのインタビューやアンケートから、次のような離職理由の集計結果が得られたとします。（図12）

離職理由の上位二つは「成長実感がない」や「人間関係がよくない」であり、3位はキャリアアップという前向きな理由であり、4位が「残業が多い」という結果です。

「成長実感がない」「人間関係がよくない」の裏側には、必ずそれぞれを引き起こしてい

図11　一般化

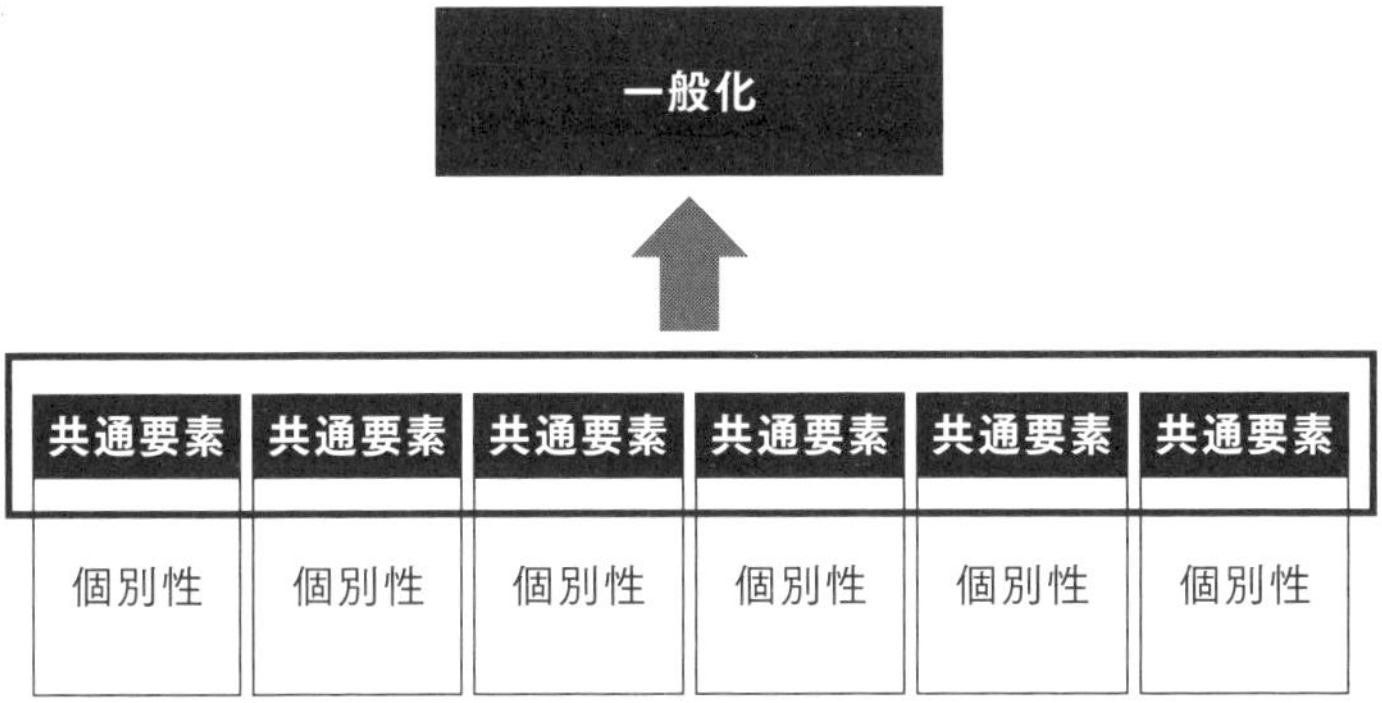

図12　離職理由

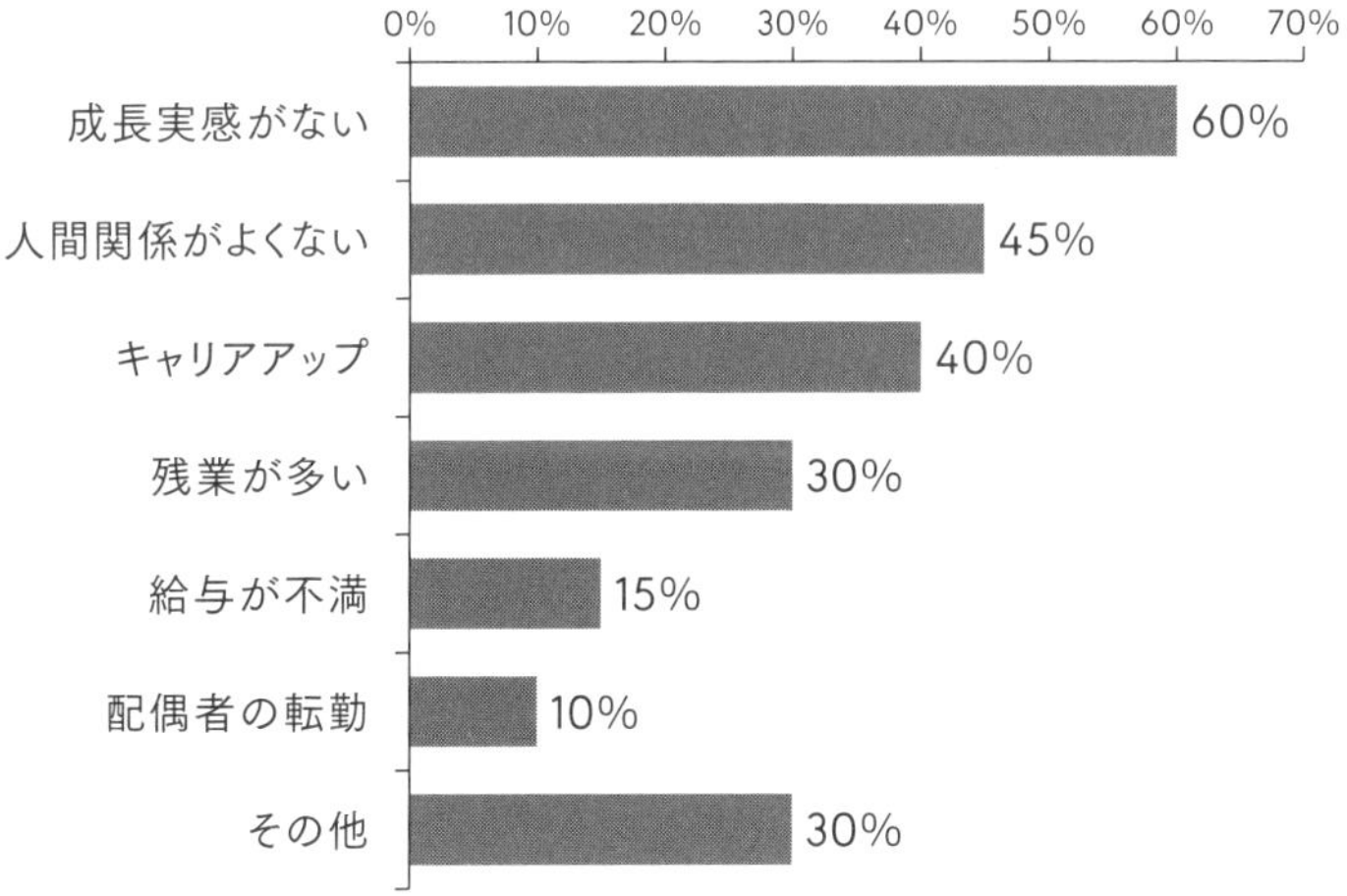

る原因があります。

例えば、成長実感がないのは毎日同じ仕事ばかりしているからであり、毎日同じ仕事ばかりしているのは、部門内に新しい仕事が生まれていないから…というようなことです。そして、部門内に新しい仕事が生まれていないのは部門自体が成長しておらず、責任者が自部門の組織力向上や役割拡大を怠っているから…と行き着けば、部長のミッション設定を変更する、あるいは部長を交代することで離職率を抑制できるかもしれません。この例で言えば、「責任者が部門を成長させていない」という原因がボトルネックです。（図13）

ビジネスの課題解決ではこのボトルネックにアプローチするのが定石ですが、このボトルネックを解消したからと言って、その他すべての個別課題が解決されるわけではありません。あくまで優先度が高い課題が解決されるということです。

経営や上級管理職の立場からすれば、より広範囲に一気に課題を解決したいので、課題を一般化し、一般化された課題の解決策を考える必要があります。

そのためにはまず「どう考えたら課題を一般化できるのか？」という仮説を考えていきます。離職理由の例で一般化の仮説を考えてみましょう。

離職理由の上位三つは「成長実感がない」「人間関係がよくない」「キャリアアップ」です

が、この三つの課題に共通する課題の仮説として、

例えば「上司と部下のコミュニケーションが不足している」ということが考えられるでしょう。人間は自分の成長を自分で実感するのは難しいものです。

3年前や5年前を振り返れば、もちろんその時から成長していることは実感できますが、毎日を忙しく過ごしている中で、日々の小さな成長はどうしても見逃されてしまいます。

そんな時に大切なのは、日々近くで仕事をしている上司が、その小さな成長を見逃さずに「成長したね」とフィードバックすることですが、そのようなコミュニケー

図13　因果関係とボトルネック

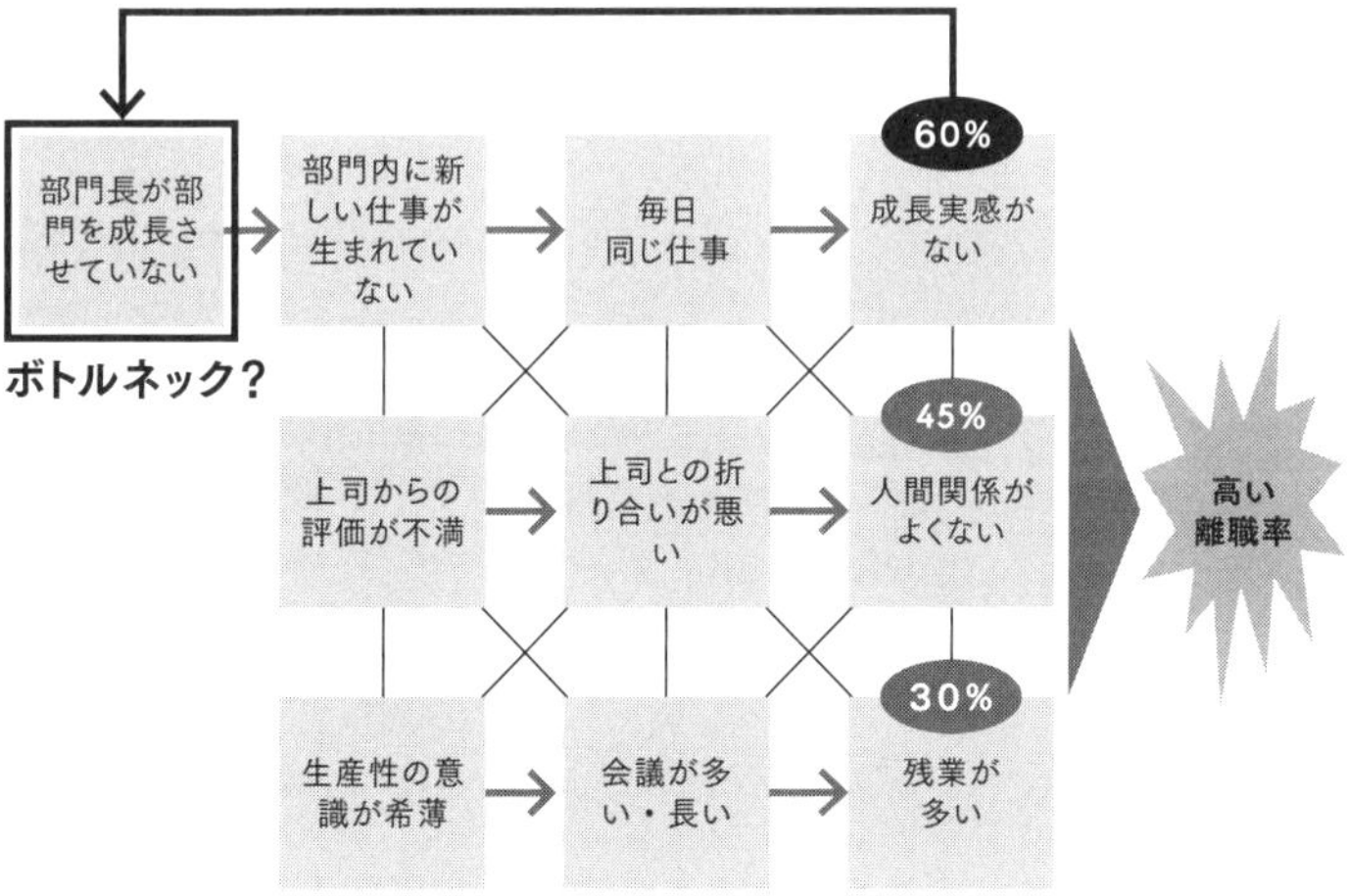

ションが不足していることで成長実感を得られていないのかもしれません。

人間関係の問題はたいていが特定の人と馬が合わなかったり、部門間の連携が上手くいかないということがストレスになっているものですから、上司がチーム編成を変えたり、部門形成の仲介役を務めることで解決できる可能性があります。

また、キャリアップという転職理由も、よくよく話を聞けば社内で同様の業務があって、異動や業務内容の変更で対応できたりするものですが、いずれも頻繁に部下とコミュニケーションを取って、部下の状態を細かく観察していないと気づけないものです。

この「上司と部下のコミュニケーション不足」が一般化された課題だとして、それを引き起こしているのが「管理職がマネジメントに集中できずプレイヤーになっている」ということならば、管理職のプレイング業務を減らしていくことが解決策となり、プレイング業務が減った分、部下とのコミュニケーションに時間を使ってくれるようになれば、三つの課題が一気に解決できるかもしれません。

さらに、「上司と部下のコミュニケーション不足」という一般化された課題を起点とし、他に発生している個別課題はないか？　ということを具体的に考えていきます。そうすると例えば、「モチベーションの低下」「会社方針の理解不足」「帰属意識の低下」など新しい課題の仮説が見つかったりします。

　このように、まずは個別課題を発見し、各課題の原因を深掘りしてボトルネックを特定する。次に課題を俯瞰して一般化できないかを考え、一般化された課題を起点にまた別の個別課題を発見していくという「一般化と具体化の往復」は、仮説を大量生産するための重要な思考方法です。（図14）

④アナロジー思考に挑戦する

　アナロジー（analogy）とは類推・類比のことで、アナロジー思考とは、未知の物事や理解が曖昧な物事を深く理解するために、既知の物事になぞらえて、未知の物事を推論する考え方のことです。

図14　一般化と具体化の往復

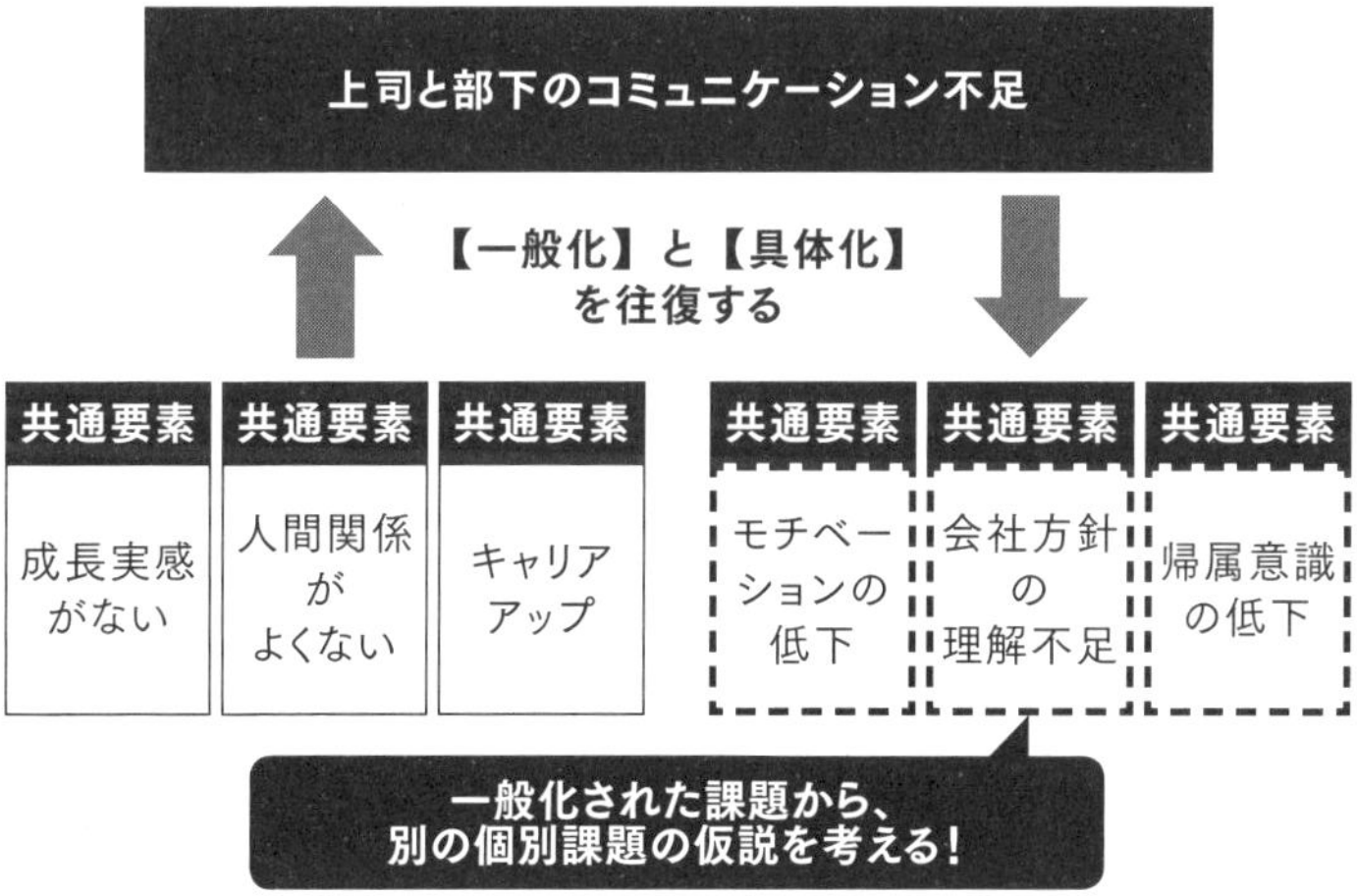

わかりやすく説明すると、「構造が似ている物事を比較して考える」ということです。

例えば水と人間のモチベーションはアナロジーで考えることができます。

水を熱して温度を高めれば水蒸気となり上昇し、冷やして温度が下がれば氷となって硬直します。

人間のモチベーションも同様です。鼓舞して心の温度を高めれば、活発に活動するようになり上昇気流に乗れますが、批判してばかりで心の温度を下げてしまえば、意気消沈して動かなくなり、成長が止まります。

アナロジー思考を活用すれば、沸騰したお湯の水蒸気を見た際に、モチベーション管理の方法についての仮説やヒントを得られます。

例えば太陽系とグループ経営もアナロジーで考えることができます。

太陽系は太陽の重力によって、太陽のまわりを楕円形に巡っている天体の総称で、太陽から近い順に水星・金星・地球・火星・木星・土星・天王星・海王星という惑星があり、その外側に準惑星の冥王星があります。地球は太陽系の中でも唯一水が液体の状態で存在しており、水が多様な生命を育んでいることから、奇跡の星と呼ばれています。

地球にだけ液体の状態で水が存在している詳細な理由は専門書に譲りますが、要するに太陽から地球までの距離が、地球が凍りついてしまうほど遠くはなく、かつ、地球が暑くなり過ぎるほど近くないことが大きく、絶妙な距離感が重要ということです。絶妙な距離感が生命の根源である水を生み出し、多様な生命を育んでいると捉えられます。

これをアナロジー思考でグループ経営に当てはめると、「親会社の考えやルールを押しつけすぎず、かと言って放任しすぎることなく、絶妙な距離感でグループ会社をコントロールすることが重要かもしれない」という仮説を得ることができます。

もう一つ例を挙げてみましょう。

北海道大学大学院准教授の長谷川英祐氏が率いる研究グループが、長期にわたるアリ(シワクシケアリ)の行動観察やコンピュータシミュレーションを通じて、アリのコロニーにはほとんど「働かないアリ」が2割ほど存在する、という研究結果を発表しました。

一見すると、2割もいるという働かないアリの存在は短期的には非効率に見えますが、この「働かないアリ」の存在が組織の長期存続に大きな貢献をしているというのです。

研究結果によれば、アリのコロニーにはさまざまな仕事が存在していて、例えば卵をなめてカビの発生を抑制するという仕事は、ものの30分でも中断すると、卵にカビが生えて死んでしまい、誰かが常になめ続ける必要がある。

もし全員が頑張ってなめ続けていると、タイミングによってはすべてのアリが疲労してしまい、なめるアリがいなくなる時間が訪れるリスクが発生してしまうのだが、この働かないアリがそのリスクヘッジをしている――。

この事象を自社や自部門のマネジメントに当てはめてみると、「利益や効率の過度な重視によって人員削減を推し進めた結果、すべての社員が頑張って働いていて余裕がない……という状況はリスクかもしれない」と考えることもできます。

もし、二重化できていない業務を担当している社員が突然辞めてしまったとしたら、経営や事業運営に支障が出てしまいます。アナロジー思考によって「余剰人員はムダではなく、リスクヘッジとして必要な投資なのではないか？」という新しい仮説を得ることができます。

このようにアナロジー思考で重要なのは、異なる事象同士の「構造的類似点」を発見することですが、そもそも構造的類似点を発見するには、常日頃から物事を構造的に捉えていることが前提となります。

経験的な話になってしまいますが、アナロジーによって新しい仮説を得られるのは、なぜか自社が所属している業界とは一見関係がない業界や事象であることが多いものです。

だとするならば、アナロジー思考を可能にするためには、幅広いジャンルの情報をインプットした上で、それらを構造的に捉えているという知識の土壌が必要です。

さらに、複数の複雑な構造の中から類似点を抽出するのは至難の技ですから、構造をシンプルに捉えていること、つまり一般化して捉えていることが合わせて必要となります。

アナロジー思考は「あらゆる物事を一般化して構造的に捉え、複数の物事の構造的類似点を発見する」という高度な知的作業です。

難しい反面、実践できる人が少ない思考方法でもあるため、時間をかけて習得することで武器になります。いきなり習得を目指すのではなく、まずは方程式を使って要素分解、次に因果関係・一般化のように順番に習得していき、アナロジー思考の土壌を作っていくアプローチがよいと思います。

時には仮説を寝かせてみることも大切

これまで紹介してきた方法を活用して、ぜひ仮説の量産に挑戦してほしいのですが、ファクトを集めてどれだけ仮説を考えてみても、なかなかよい仮説が降りて来ない時はあります。

そんな時はいったん、意識的にその仮説を考えることを止めてしまいましょう。仮説思考2.0を駆使して一生懸命考えているにもかかわらず、仮説が出てこない時は頭がオーバーヒートを起こしているものです。

特に重要な課題やトラブルの解決方法、興味・関心が高い物事など、自分にとって重要度が高い事柄については、意識的にも、無意識的にも、そのことをずっと考えているものです。

意識的に考えることを止めても、無意識下ではずっと考えが進んでいるので「せめて意識的には考えない」ようにして頭を休めることが大切です。

パソコンをアナロジーにして考えるとわかりやすいのですが、アプリケーションを複数立ち上げ過ぎると処理が遅くなりますし、定期的にシャットダウンを行わないと、一時的な作業領域にデータのカスのようなものが溜まっていき、エラーや動作が遅くなる原因となります。同時並行で物事を考えすぎるのも、休みなく物事を考えすぎるのも、どちらも思考パフォーマンスの低下を招きます。パフォーマンス維持には頭を休めることが重要なのです。

ここからが人間とパソコンの違いですが、人間の場合は一定期間頭を休めたあと、改めて同じテーマを考えてみると「あぁ、こういうことかもしれない！」と仮説が突然降りてくることがあります。「閃いた！」という瞬間です。

多くの方が多かれ少なかれ、このような瞬間を体感したことがあると思いますが、人間に特有の現象です。パソコンを何回立ち上げ直しても、新しい企画書が完成していることは残念ながらありません。

この現象は、該当テーマに対するインプットや仮説という情報が、私たちの無意識下で静かに化学反応していて、一定期間の熟成を経ると、新しい仮説やアイデアとして生まれてくるというメカニズムだと私は捉えています。

この閃きのプロセスはまるで、無色透明なスピリッツが樽の中で熟成されると、琥珀色の美しいウィスキーとして誕生するかのようです。

このような閃きは直感的なものであり、閃いた時点では論理的に説明できないため、ビジネスシーンでは軽視されがちです。

私たちが日々頭で考えていることは顕在意識と呼ばれますが、この顕在意識は人間の意識の10％にも満たず、残りの約90％は潜在意識という無意識下で活動する意識だと言われています。

私たちは、生きていく中で数え切れないほど多くの出来事を積み重ねていますが、今は思い出せないことも、一度も意識したことはないようなことも、身体の中には潜在意識として蓄積しています。

閃きがこの潜在意識も含めて熟成された仮説ならば、実は自分の中にある膨大なデータベースから抽出された根拠ある筋のよい仮説と捉えることもできます。

本書でお伝えしているような仮説思考2.0を日頃から実践している人の閃きは、平均的なビジネスパーソンよりもインプットの量が多くて質が高いことが想定されるので尚更です。

現在はデータドリブンな時代なので、ことさらに数値・論理を重視する左脳的アプローチが重視されていますが、そのアプローチでは解決策が得られない時には、閃きや直感から生まれた仮説を重視して、その仮説を左脳的に検証していくというアプローチが必要なのかもしれません。

最近の個人的な感覚としては、当初は論理的に説明できなくとも「あぁ、きっとこういうことだ」という閃きや直感で得られた仮説のほうが、最終的には成功確率の高い、筋のよい仮説であることが多い気がしています。

第2章ではよい仮説を大量に生み出す方法をお伝えしました。とにかく騙されたと思って、いくつかの手法を実践してみて下さい。もし、あなたが「すべての」方法を愚直に実践したならば、必ず仮説思考2.0は身につくはずです。

Column：生産性について考える

最近話題の働き方改革。過重労働によって心身が不調になるのはよくないことですし、過労死という痛ましい問題は撲滅せねばなりません。

残業が多くて頑張った人間ではなく、生産性が高い人間を評価すべきである。労働時間ではなく業績貢献度（アウトプット）で評価されるべきである。どちらもそのとおりです。

会社に対して業績貢献が大きい人間が評価されるべきですし、業績貢献度と給与は比例すべきです。また同じ貢献度であれば、労働時間（インプット）が少ない、生産性が高い人間が評価されるべきです。したがって、生産性は次のような公式で表すことができます。（↓次ページ図15）

なお、この公式におけるインプットは情報収集という意味合いではなく、業績を出すために投下したすべての時間という意味合いで捉えてください。

さてここで、生産性評価に関してよくある事象についてお話しします。次ページの図をご覧ください。（図16）

4名の営業担当A・B・C・Dがいます。営業なので業績貢献度を表すアウトプットは1年間の月平均売上、インプットは毎月の平均残業時間に設定しました。

あなたが4名の上司であれば、この1年間の評価として誰を最も高く評価しますか？

生産性が最も高いAさんでしょうか？

業績貢献度が最も高いCさんでしょうか？

それとも最もバランスがよさそうなDさんでしょうか？

もし私が評価するならば、評価の高い順にCさん→Dさん→Aさん→Bさんとなります。

シンプルに業績貢献度が高い順です。

営業の仕事は売上を創ること。したがって売上が高い人間が評価されなければいけません。

ただこのような評価をするとたいてい、Aさんから不満が発生します。

図15　生産性の方程式

$$生産性＝\frac{業績貢献度（アウトプット）}{労働・残業時間（インプット）}$$

Aさんの生産性は、最も業績貢献度が高いCさんの3倍です。自他ともに段取り・手際のよさは抜群で、生産性の高い仕事ぶりからAさんが優秀な人材であることは一目瞭然です。

ただしAさんは趣味の時間を大切にしており、残業は一定以上しない主義の持ち主なので、今後もCさんより高い売上を作ることはなさそうです。

それでもAさんからしたら、自分より遥かに能力の低いCさんが、自分より高い評価だということが納得できません。その心情もある程度は理解できます。

このような時はAさんに対して、評価はあくまで業績貢献度の大きさであることを説明し、もっと生産性を高めるか、あるいは少しだけ残業時間を増やしてCさんの売上を超えるよう働きかけを

図16　生産性を考える①

生産性 ＝ 業績貢献度（1年間の月平均売上：百万円） / 残業時間（月平均）

Aさん　$12 = \frac{180}{15}$

Bさん　$4 = \frac{180}{45}$

Cさん　$4 = \frac{280}{70}$

Dさん　$8 = \frac{240}{30}$

する必要があります。
1年間の月平均売上2億8000万を超えるには、生産性を1.6倍以上にするか、あるいは残業時間を月9時間以上増やすかのどちらかです。

今度はCさんに目を向けてみましょう。確かに貢献売上は一番高いのですが、月平均の残業時間が70時間が続くのは健全ではありません。

本人が残業を苦にしていなかったとしても、AさんやDさんに比べて低い生産性は課題です。

あくまで計算上の話ですが、仮に生産性が2倍のDさん水準になれば残業時間を月50時間に減らしたとしても、1年間の月平均売上は4億となります。（図17）

ここで重要な考え方は、生産性を高めるということは、業績貢献度を維持・向上させながら、労

図17　生産性を考える②

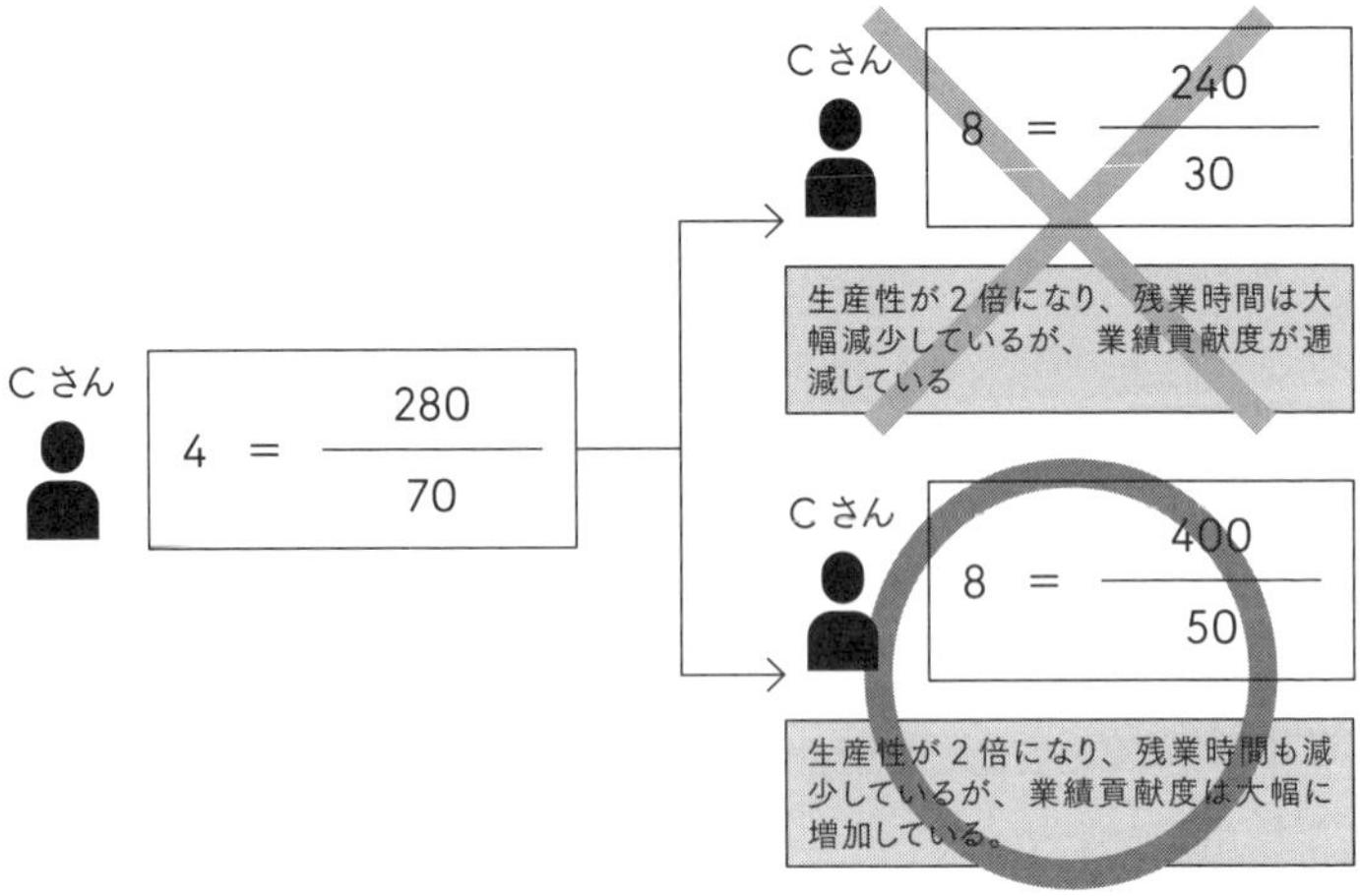
Cさん
4 = 280/70
Cさん
8 = 240/30
生産性が2倍になり、残業時間は大幅減少しているが、業績貢献度が逓減している
Cさん
8 = 400/50
生産性が2倍になり、残業時間も減少しているが、業績貢献度は大幅に増加している。

働時間や残業時間を減らしていく工夫をセットで実現する、ということです。

個人の生産性が向上したとしても、業績貢献度が低下しているならば、経営からすれば生産性は低下しているのです。

経営がまず重視するのは業績貢献度です。ところが働き方改革や生産性向上が議論されている際に、最も重視すべき業績貢献度の増減が考慮されず、生産性向上と労働時間・残業時間の減少のみがフォーカスされていることがあります。

このような議論を続けていては企業体力・組織力が落ちていくばかりですから、その企業の将来性に疑問符がつきます。

この生産性を向上させる際にも、仮説思考2.0は有効です。仮説思考の持ち主はムダな情報収集をしない、ムダな検証をしない、段取りがよくリスク予知能力も高いのでプロジェクトがスタックしません。メンバーマネジメントも効果的なので部下からの信頼が厚く、多くの人が自分のために動いてくれますからビジネスの推進スピードが速い。

仮説思考2.0を習得している人材は、同じインプットで何倍もの成果を上げることができます。働き方改革を実現する際に最もやるべきことは、仮説思考のトレーニングかもしれません。

第 3 章

仮説を検証する

ステップ⑤〜⑦——仮説を検証し、最終仮説を決定する

前章では情理と論理の観点から、よい仮説を作るためのさまざまな考え方をご紹介しました。仮説構築のステップでは④までが完了している状態です。

ステップ①：何のために何を考えるべきかを特定する
ステップ②：まず自分の頭で仮説を考える（0次仮説の構築）
ステップ③：0次仮説に関連するファクトを集める
ステップ④：ファクトをもとに仮説を量産する（1次仮説の構築）
ステップ⑤：1次仮説を検証する
ステップ⑥：検証された仮説をさらに深める（2次仮説・3次仮説…の構築）
ステップ⑦：最終仮説を決定する

ステップ⑤⑥⑦は仮説検証を繰り返すプロセスです。

仮説は検証を繰り返すことで中味が修正されていき、どんどん進化していきます。仮説思考とは仮説を構築して終わりではなく、仮説検証を高速で回し、仮説を進化させることでもあります。

仮説検証とは、ある仮説の確からしさを判断することです。「どうやら確からしい（仮説の支持）」か「どうやら違うらしい（仮説の棄却）」を判断するので、発散ではなく収斂《しゅうれん》を意識するプロセスです。

なお、本書でご紹介する仮説検証は科学や研究活動で行われるような厳格な検証ではありません。また、経営者や事業責任者が戦略や方針を決めるような、重大な意思決定における検証なども想定していません。

あくまで若手や中堅のビジネスパーソンが、日々の仕事のスピードや質を高めるための検証方法をご紹介しますので、その点を念頭において読み進めてください。

仮説検証でまず考えるのは「誰に」と「どうやって」

仮説検証でまず考えるべきことは、「誰に聴いて検証すべきか」と「どんな手法で検証すべきか」です。

まず「誰に確認すべきか」を考えていきますが、これは非常に重要です。聴く相手を間違ってしまうと、正しく検証することが難しいからです。

基本的に「①仮説の内容について自分より詳しい人」か「②仮説の対象になっている当事者」か、あるいはその両方に聴く必要があります。

「①あるテーマや課題について自分より詳しい人」はそのままの意味ですが、自分より知見がある人や専門家の客観的意見で検証するということです。

「②その課題を抱えている当事者」は、例えば仮説がシニアのライフスタイルに関する現状仮説ならシニアの方、営業組織のBPR（Business Process Re-engineering）に関する戦略仮説なら営業担当者というように、仮説の対象となる当事者に直接聴いて検証することです。

次に「どんな手法で確認すべきか」ですが、代表的な検証手法はWeb検索・ディスカッションやインタビュー・インターネットリサーチ・A／Bテストなどが挙げられます。最適な手法は求められる仮説の精度や意思決定の重要度によるので一概には言えません。

1. Web検索で検証する

仮説検証がライト（簡単）でよい場合、Web検索がもっとも手軽な方法です。

「20代女性が一番よく飲んでいるアルコールはワインである」という現状仮説を検証する場合、「20代女性　アルコール　ワイン」で検索すれば近しい情報が出てきます。

ただし検証の場合は、近しい情報や記事が出てきたとしても、それを鵜呑みにしてはいけません。情報ソースの信頼度をチェックする必要があります。情報ソースの信頼度は5W1Hでチェックします。

情報ソースの信頼度チェックの視点

What：掲載されている情報

検証目的に合致する情報が掲載されているかを確認しましょう。

当たり前のことですが、そもそも内容がズレていたら話になりません。

Whom：誰を対象にしているか

数値やグラフが引用されていた場合は、誰を対象者とした結果なのかを確認すること。

例えば記事や文章の中で20代女性のことを記述していたとしても、引用されている数値は女性全体や女性20～39歳など、対象者が違っていないかを確認しましょう。

Who：誰が掲載しているか

情報掲載のスタンスを確認するために、誰が情報を収集・編集しているのかを確認しましょう。誤解を恐れずに言えば、すべての情報は何らかのポジショントークとセットで発信されています。情報発信者の業界・職業などと利害が一致するデータのみが採用され、ポジティブな部分のみが語られている可能性があります。「語られていないことが何か」にも着目しましょう。

一方で、本物の専門家・有識者の記事やコメントが見つかれば、有効な検証材料になります。

Why：情報やデータの掲載目的

その情報やデータが何のために掲載されているのかも確認しましょう。掲載目的が第三者としての実態把握や事実の伝達である場合、「客観的な情報」ということが重要になるので信頼できる確率が高くなります。

一方で、広告宣伝目的・営業目的の文脈であれば、そのような意図を加味して情報を解釈する必要があります。

When：情報が掲載された時期

いつ掲載された情報なのかを確認しましょう。Web上の記事はよくも悪くも、新しい情報と古い情報が混在しています。特に市場規模・トレンド・生活者意識など、年月の経過とともに大きく変わり得る情報を探している場合、情報の鮮度（いつ収集されたものか）は非常に重要です。

How：情報が収集された方法

参照する情報がどのような手段で収集されたのか、収集方法が信頼できるか、信頼できる範囲はどの程度かを確認しましょう。

Web上は特に引用・転載情報が多いものですが、引用元情報が記載されていない場合は信頼度が低いので仮説検証時には活用しないでください。情報発信者が一定のビジネスリテラシーを持っていれば、引用元・参照元情報は必ず記載するはずです。

仮説構築の段階では、この5W1Hをすべてチェックする必要はありませんが、検証目的でWeb検索を活用する場合は、必ずこの5W1Hをチェックし、信頼できる情報ソースのみを活用してください。信頼できない情報ソースに該当内容の記載があったとしても、それは何の検証にもなりません。

2. インタビューやディスカッションで検証する

Web検索でざっと検証した後は、インタビューやディスカッションによる検証を実施します。Web上の情報は信頼度が不確かなものも多いのが現状です。一方で、実はインタビューやディスカッションのほうが精度も高く、時間やコストもそれほどかけずに仮説を検証できます。

目的が仮説の発見ではなく検証ですから、ブレストとは違います。ポイントは、「○○という仮説を持っているのですが、どう思いますか？ 賛成ですか？ 反対ですか？」のように具体的に質問していきます。

ディスカッション相手から賛成・反対などの意見を伝えられたら、必ずその理由を確認します。その理由を参考にしながら仮説を修正し、仮説の精度を高めていきます。

インタビューやディスカッションで検証する際に最も重要なのは「誰に聴くか」です。

ここで、インタビューを活用した検証事例として、私が2011年に上海へ赴任し、中国市場でインターネットリサーチ事業を立ち上げたミッションについてのお話をご紹介します。

4名の中国進出準備室という組織でスタートしたマクロミル初の中国進出。当時すでに中国のGDPは日本を超えて世界第2位になっており、これから拡大する中国市場で遅れを取るまいと、日系企業の中国進出が活発な時期でした。

インターネットリサーチの市場規模はまだ小さかったものの、日系企業の積極的な支店展開・中国人の所得水準・購買意欲が高まっていたことなどから、「中国の消費者のニーズを手軽に捉えたい企業が間違いなく増え、インターネットリサーチ市場も今後加速度的に拡大するだろう」という予測をしていました。

「日本においても2000年に登場したインターネットリサーチ市場が、2011年時点で400億円を超える規模に成長していたので、成長著しい巨大な中国市場では、それよりも速い成長が見込めるのではないか」という仮説を私たちは持っていました。

この仮説を検証すべく、私たちは中国のマーケティング事情に詳しい専門家や、既に現地でインターネットリサーチを提供している中国企業、中国進出のコンサルタントなどにアポイントを取得しました。少なくとも20社は回ったと思います。

話を伺った結果、現地の調査会社はインターネットリサーチをほぼ実施しておらず、実施していたとしても売上規模は非常に小さいものでした。この事実は想定内だったのですが、どの調査会社も「ネットリサーチは今後も流行らない」と口を揃えて語ったことは想定外でした。

理由は「Web上で正しくアンケートに答える中国人はほとんどない。結果が信用できない」というものでした。専門家やコンサルタントも彼らと同意見が多く、私たちの仮説に同意する人は少数派でした。

しかしアンケートに正確に回答してもらうための品質管理方法に大きな自信を持っていた私たちは、「自分たちのノウハウがあれば大丈夫だろう。現地の調査会社がノウハウを持っていないだけ。むしろこのノウハウが大きな強みになる」と考え、自信を深めたものです。

インタビューは専門家や調査会社だけでなく、見込み顧客に対しても実施しました。見込み顧客の大半は日本で既にお取引があった日系企業だったため、私たちの実績や品質管理ノウハウなどを理解してくれています。「マクロミルさんには大変期待している」と嬉しい言葉をいただけましたが、同時に「インターネットリサーチは難しいかもしれませんね」とも言われていました。

この顧客インタビューを終えて私たちは、「日本を超える巨大なインターネットリサーチ市場がここ数年で生まれる」という仮説に疑問を持ち始めました。なぜなら「Ｗｅｂ上で正しくアンケートに答える中国人はほとんどない」のが事実ならば、それは国民性の話であり、品質管理ノウハウで改善できるレベルの課題ではありません。

日系の見込み顧客のみならず、中国でリサーチビジネスをしている中国人までもがそう語っていましたから、「それが事実なのではないか？」と考え始めたのです。私たちの仮説が揺らいでいました。

しかし既に進出することは決まっていて、事業を始めるための投資や事業計画も決まっていました。システム開発や採用も進んでいましたし、何より当時の経営陣は「インターネットリサーチ市場を巨大な中国市場で打ち立てる」という大いなる目標に鼻息が荒くなっていました。引き返せない状況です。

今でもよく覚えていますが、当時の上長と出張で上海に行った際、ホテルの一室で作戦会議をし、「インターネットリサーチ一本で行くのは危ない。むしろインタビュー・デスクリサーチ・訪問調査など、オフライン調査を中心に据えてサービス開発と営業活動を進めよう」と現場レベルで仮説を修正することに合意したのです。

そこからは文字どおり、死に物狂いでサービス立ち上げの準備と営業活動を並行して行いました。もともとはインターネットリサーチだけで勝負する計画でしたから、複数サービスを提供するとなると、仕事量は何倍にも増えます。

採用した中国人はほぼ全員リサーチ初心者ですから、教育もしなければなりません。中国人のアンケート会員も必要です。アンケート会員をWebプロモーションで集め、検証調査として自分たちでインターネットリサーチを自主的に実施したところ、協力率は日本の1／10。そして回答結果は確かに納品できる水準ではありませんでした。市場にほとんど流通していない商品の購入経験や購入意向が90％を超えていたのです。「中国のインターネットリサーチは信用できない」と語った先人や専門家の話はそのとおりでした。

この品質ではサービス提供ができませんから、積極販売は避け、どうしても発注したいというお客様にのみ、品質リスクを伝えた上で販売する方針へと変更しました。

その後、このような大きな方針変更をいくつも経てサービスの提供を開始し、一年が経過しました。その結果は、年間売上の60%がオフライン調査であり、40%がインターネットリサーチでした。

サービスを作り始める前に実施した関係者への多面的なインタビューとホテルでの大胆な仮説修正、そしてサービスローンチ前に実施した検証調査(インターネットリサーチ)とそれを踏まえた営業方針の変更という、クリティカルな検証と修正が実施されなければ、売上の60%を失うという大惨事になっていました。中でも、関係者への多面的なインタビューは仮説検証において、大きな役割を果たしました。

こうした体験もあいまって、「物事を正確に把握するにはインタビューが一番。関係者10人にインタビューすれば50%、20人で70%、30人にインタビューすればほぼ100%わかる。まず10人にインタビューすることが重要」という考え方を持つに至りました。

3. リサーチを活用して検証する

中国の事例でもふれましたが、インターネットリサーチは仮説検証においても有効です。

インターネットリサーチは、東京都在住の女性60代・個人年収600万円以上の会社員・

スポーツジムに通っている人・自動車の買い替えを検討している人など、個別具体的な対象者を数日で集めることができます。

したがって新商品のコンセプトの受容性確認や、商品パッケージ・Ｗｅｂサイトのデザインチェックなど、特定ターゲット向けの検証に適しています。

他にも、サービス利用後やセミナー参加後に送られてくる満足度アンケートや、広告投下後の効果測定など、提供したサービス・講演内容・コミュニケーションメッセージが適切だったのかを、調査で検証できます。

インターネットリサーチで検証すると、ＷｅｂサイトリニューアルはデザインＡの賛成者が70％、新商品Ｂの購入意向者は全体の60％のように、検証結果が数字で得られるので判断がしやすいというメリットがあります。

4. Ａ／Ｂテストをする

ビジネスがデジタル化するにつれて、Ａ／Ｂテストという方法も広まっています。

例えば「あるセミナーの満足度が低いのは、集客を意識した告知文章と実際のセミナー内容にＧＡＰが起きているからだ」という仮説をＡ／Ｂテストで検証するとします。（図18）

A／Bテストでは、同じ内容のセミナーを対象とし、あるグループAはこれまでどおりの告知文章で集客し、別のグループBはセミナー内容を忠実に表現した文章で集客します。そしてセミナー参加者に対して、同じ内容で満足度をリサーチします。

グループAは基準となるグループなので「統制群」、Bグループは比較対象なので「実験群」と呼ばれます。

満足度調査の結果、グループBのほうが集客数が少なかったとしても、最終的に満足している人数が増えていれば、「セミナー内容を忠実に表現している文章のほうが満足度は高くなる」という検証結果が得られます。1回の検証では不安が残るよう

図18　A／Bテスト

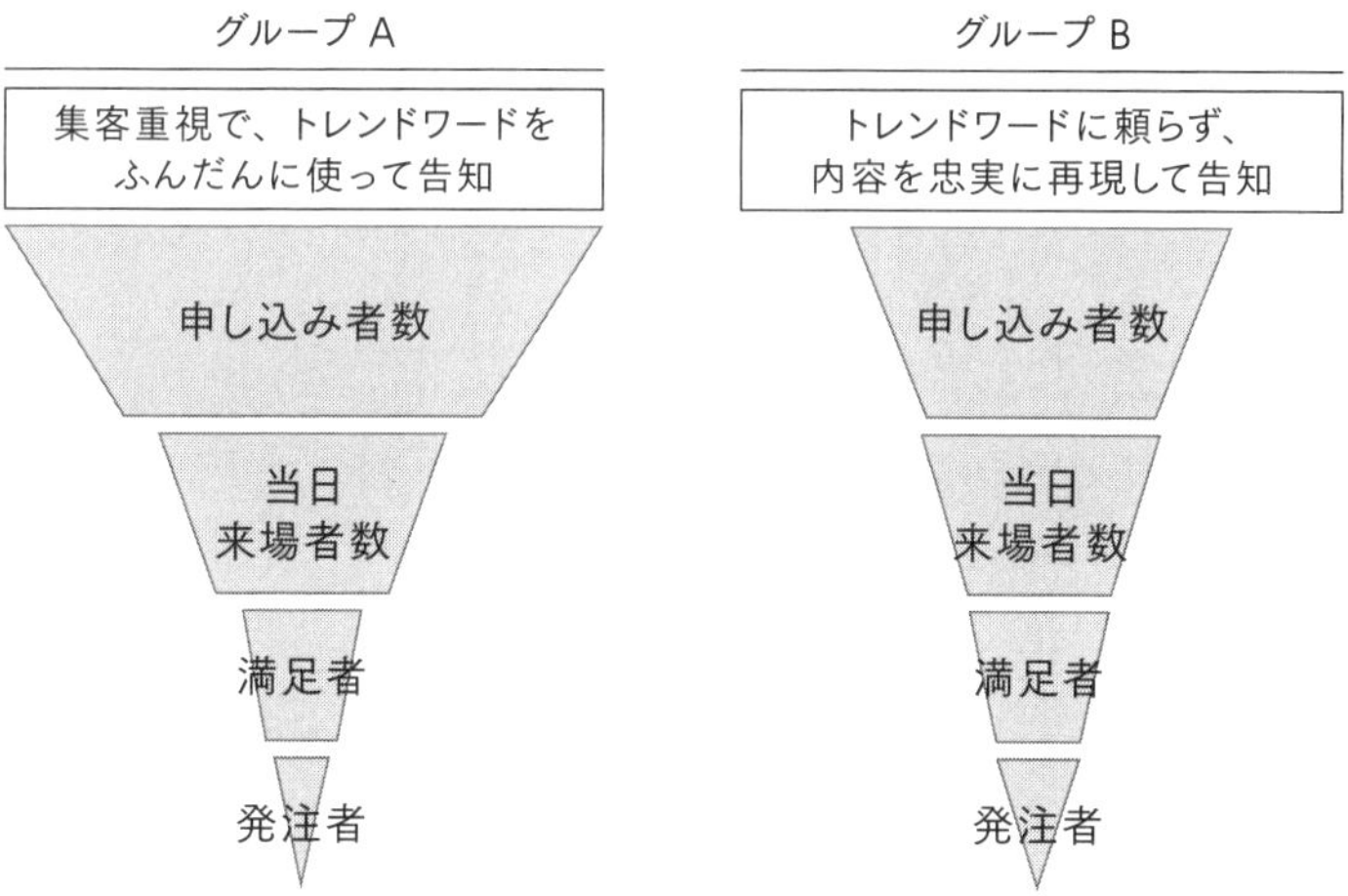

ならば2回・3回と検証を重ねてもよいでしょう。

このようにAグループ（統制群）・Bグループ（実験群）と施策を意識的に使い分け、結果の比較を行う検証方法をA／Bテストと呼びます。

A／Bテストは、より多くの申し込み（CV）を獲得できる広告バナーデザインはどちらか、より長くサイトに滞在してくれるページレイアウトはどちらか、などデジタルマーケティング施策の検証では日常的に行われています。

このA／Bテストの考え方は、セミナー・店頭販促・イベントキャンペーンなどオフラインのマーケティング施策の検証でも活用できますし、日々のあらゆるビジネス施策の検証にも応用できます。

私が自部門のマネジメントにおいてA／Bテストを活用した例をご紹介しましょう。

ベンチャー企業で始まった弊社も今や従業員数が2000名を超える規模となり、社員の入れ替わりを前提とせず、1人1人の社員が長く働ける会社にすることが重要になってきました。一般的に従業員満足度と社員の勤続年数は相関がありますから、従業員満足を高めることは重要な経営課題の一つです。

私は従来から「上長とのコミュニケーションの量と質が従業員満足度を決める」という

仮説を持っていたので、この仮説を検証するために、毎週、必ず1対1の面談を行い、タスク管理や日々の困っていることを傾聴する時間を確保したメンバー（Aグループ）と、月1回しか同様の面談を行なわないメンバー（Bグループ）とに分けてコミュニケーションを図りました。

グループBのメンバーには申し訳ない……という気持ちもありましたが、月に1回も面談回数としては決して少なくないので、許してもらえるだろうと考えて実施していました。

そして半年後、メンバー全員に実施した従業員満足度の結果では、「グループAがグループBよりも約20％も満足度が高い」という結果が得られました。それ以降、私は自分が評価するメンバーとは必ず毎週（状況によっては隔週）の1対1面談を欠かしていません。

このようにA／Bテストはさまざまなビジネスシーンで応用することができます。

5. 不特定多数に仮説を公表して検証する

身近に仮説の内容に詳しい人がおらず、また仮説検証にコストをかけられないのでリサーチを実施することもできない時は、不特定多数の人に仮説を公表して検証してしまいましょう。SNS・ブログ・自部門でのプレゼンテーションなど、手段は何でもよいので、自分の仮説をとにかく多くの人の目にさらすことです。

相手が仮説内容に詳しくなくとも仮説を目にする人が多ければ多いほど、多くの視点で検証されるということですから、自分では思いもよらなかった視点からのフィードバックを得られますし、上手くいけば専門家からのフィードバックが得られるかもしれません。

ただし、多くの批判や否定をもらって「言わなきゃよかった…」と心が折れそうになることもあります。

反対に思った以上の賛同を得られて自信に満ち溢れることもあります。人間は誰しも自分の仮説を否定されたくはないですし、傷つきたくもないので、仮説を多くの人の目にさらすのは躊躇するでしょう。しかし、これを怠ってしまうと仮説検証が自分のみで実施された、独りよがりなものになってしまいます。

仮説の精度を高めて、ビジネスの成功確率を高めるためにも、グッと勇気を持って仮説を公表してしまいましょう。

6. 仮説を音読する

さまざまなプロセスを経て仮説構築をし、インタビューや各種リサーチなどで検証を繰り返した仮説。そこまで深められた仮説はかなり質が高く、課題解決やビジネスの成功につながる確率が高いでしょう。

ただその仮説の最終チェックとして、これまでの思考をリセットして、ゼロベースでその仮説を声に出して読んでみてください。仮説を音読するのです。

実は音読と黙読とでは、脳の働きに大きな違いがあります。視覚のみの黙読に対して、音読で使用される感覚は、文字を読み取る「視覚」とそれを再び聞く「聴覚」です。

音読で生じる処理とは「文字を読み取る」「読んだ文字の意味を理解する」「理解した文章を声に出す」「声に出した文章を音として聞く」「音として聞いた文章を再び理解する」と多岐にわたります。

音読はこれら非常に多くの処理を同時にこなす複雑な行為であるため、前頭前野を中心として脳全体がまんべんなく利用され、結果的に脳が活性化されると言われています。

音読で仮説を読むことによって、活性化された脳で検証することになるのです。

さらに音読しながら、「自分の心がどう感じているか?」に意識を向けながら読んでください。仮説を読み終えた後、「何かが違う、何かが足りない気がする…」と違和感を持ったならば、そこが検証ポイントです。違和感の正体を突き詰めてください。なぜなら違和感というのは、自分の過去の成功や快の体験と何かが矛盾している可能性があり、その矛盾を無意識がリスクとして教えていると捉えられるからです。

違和感が世の中的に正しいかどうかはさておき、自分の物差しとのズレは間違いなく発生しています。自分の物差しとズレている仮説を主張しても、どこかで必ず破綻します。したがってこのズレを確認し、仮説に違和感がなくなるまで検証を続けることは重要です。音読して違和感がなくなれば自分も心から納得している証拠。自信を持って仮説を主張していくことができます。

このように仮説検証の方法も多様です。必要とされる仮説の精度・スケジュール・検証にコストをかけられるかどうかなどを考慮しながら、仮説検証を行っていきます。

また仮説検証は一度で終わりではなく、検証不足な点や新しく発生した仮説などを繰り返し検証していくことで、仮説の精度を高めていくことが重要です。検証が繰り返されることで1次仮説が2次仮説、3次仮説へと進化していきます。

仮説をどこまで検証すべきか？というのは悩ましい問題ですが、実務的には「意思決定者が納得してGOサインを出すまで」や、「顧客や関係者が納得するような説明ができるようになるまで」、そして「自分が納得できるまで」ということになると思います。

いずれにしても「納得感があるかどうか」が鍵です。

ビジネスにおける仮説検証は研究活動ではないので、解決したい課題に対して必要十分を満たせればよいのです。この必要十分度合いは人によるので、意思決定者の納得水準を把握して、納得感を満たせるまで検証を繰り返しましょう。

ただし、意思決定者が優柔不断で決断力・判断力を欠いていたり、極めて保守的でリスクを嫌うタイプな場合、過剰な仮説検証を求められることがあります。

その検証リクエストに正直に付き合っているとスピーディーなビジネス推進ができなくなります。

したがってそのような際は、軋轢を恐れずにさらにその上の意思決定者に直接アプローチするなど、決断・判断できる実力者を見つけ、その実力者の合意を取りつけてしまいましょう。もしそのような上司が見つけられなければ、合意がなくても自分たちで進めてしまうという気概を持つことが大切です。

最終的なゴールは上司に納得してもらうことではなく、ビジネスを動かして課題を解決することだからです。「軋轢を恐れずに進め」ですね。

　こうして意思決定者や関係者、そして自分の納得を得られた仮説が最終仮説です。この最終仮説を実行に移してアクションを具現化し、ビジネスの解決に向かっていきます。

第 4 章

仮説思考を習慣化する

いつでも現状仮説と戦略仮説をセットで考え、多面的な視点で仮説を量産する「仮説思考2.0」は、どのような業界・どのような企業でも通用するビジネスパーソンの武器になります。

この仮説思考を習慣化させるためには、本書でお伝えした考え方を日々実践し続けることが重要なのですが、その継続こそが難しいものです。そこで最終章では、仮説思考を習慣化するための工夫や取り組み内容をご紹介します。

1. 幅広く、バランスよくインプットする

本書の導入でもお伝えしたように、インプットのベースがなければ、仮説はおろか、物事を考えることすらままなりません。インプットを増やすことは仮説思考の大前提となります。

インプットにも種類があります。情報を受け取る器官軸と、受け取る情報の性質軸という二つの軸を交差させ、4象限で整理することができます。（図19）

情報を受け取る器官は、目（視覚）を使った情報収集と身体全体（五感）を使った情報収集の二つに分けられます。

言葉や文字で表現可能な情報を「形式知」と呼び、視覚から情報を受け取って多くは左脳で処理されます。

一方で身体全体で情報を受け取り、さまざまな器官を使って処理される情報を「身体知」と呼びます。身体知は耳慣れない言葉かもしれませんので補足をすると、言葉や文字では上手く表現しきれない、あるいは顕在意識化していないけれども身体には蓄積されている知のことで、コツ・カン・センスなどの土台になっているものです。

受け取る情報の性質軸は、瞬間的・刹那的で流れる性質を持つフロー情報と、情報が体系的・重層的で蓄積していく性質のストック情報に分けられます。

図19　インプットの4象限

	形式知（利用器官：視覚）	身体知（利用器官：五感）
フロー	・Web、SNS ・新聞、雑誌 ・資料の読み込み ・会議　など	・映画鑑賞、音楽鑑賞 ・味わって食べる食事 ・運動　・ショッピング ・遠出、旅行（短期間） など
ストック	・読書 ・大学院での学び ・私塾での学び ・研究活動　など	・旅行（できれば1か月以上） ・引っ越し（住む環境を大きく変える） ・転職（働く場所を大きく変える）　など

多くのビジネスパーソンは「形式知×フロー情報」のインプットに偏っているはずです。仕事中に登場する情報の多くは、形式知×フロー情報であり、ほとんどの方が少なくとも1日8時間は働いているので偏ってしまうのは仕方のないことです。

さらに現代はWebによる情報収集が全盛ですから、かつてよりも偏りは顕著になっているように思います。しかしだからこそ、意識的にインプットの幅を広げる努力が必要です。幅広いインプットは多彩な仮説の土台となります。

「形式知×ストック情報」の代表選手は読書です。読書人口が減っていると言われていますが、読書ほど費用対効果が高いインプット手段を私は他に知りません。

書籍は、著者が数年・数十年かけて蓄積した考え方・体験が体系的に整理され、しかもエッセンスが抽出されていますからムダが少ないものです。他者の経験や知恵を、わずか1000円〜2000円の投資額で得られるわけですから、非常にお得です。

賢者は歴史、すなわち他者の経験や知恵から学び、愚者は自分の経験からのみ学びます。読書人口が減っているのは残念なことですが、であるならばなおさら、インプットとしての希少価値は高まっていきます。

私は決して多読家ではありませんが、働いてから今まで平均すると月に5冊は読書していると思うので、5×12ヶ月×15年間＝900冊程度のインプットの蓄積があります。

「身体知」のインプットに関しては、優秀で忙しいビジネスパーソンほど不足しがちな領域です。ソファにくつろいで好きな音楽をゆっくり聴く、話題の映画を観て泣き笑う、自分が快適だと感じる運動をして汗を流す、早食いせずにじっくり味わう食事、心の向くままに土日でちょっと遠出するなど。こうした五感を使った日常的な活動は「身体知×フロー情報」ですが、この一ヶ月を振り返った時に、五感をしっかり使ったインプット時間はどれくらいでしょうか？ きっと驚くほど少ないと思います。睡眠時間を1日8時間だとして、残った16時間×5日÷4象限＝20時間は少なくとも確保したいところです。

また、普段あまり実感しにくいかもしれませんが、私たちは住んでいる家・勤務先からも大きな影響を受けています。家や勤務先のまわりには必ず街があり、街にはさまざまな人・店舗が集まっています。街に訪れる人々の会話内容・使われている言葉・雰囲気・看板・ビル・木々など街並みそのものが情報として私たちに蓄積されています。

ある街やオフィスを訪れた時に「何となくこのあたりは好きじゃないな」と感じたこと

はありませんか？　その感覚こそが、無意識で情報を受け取っている証です。

私たちはほとんどの時間を自宅か勤務先、もしくはその周辺で過ごしていますから、最も多くの情報を受け取るのは『街』からです。街からは日々、何年も、場合によっては何十年も情報を受け取り続けています。

そうして蓄積された情報は、時には意識的に、多くの場合は無意識の中で整理されていきます。こうした性質の情報は「身体知×ストック情報」です。インプットの質を大きく変えたいならば、転居や転職を検討するのも有効な手段となるでしょう。

ぜひ定期的に自分のインプットバランスをチェックしてください。健康にはバランスのよい食事が大切なのと同じで、よい仮説にも幅広くバランスのよいインプットが必要です。

2. 好奇心を持って、世の中をリバースエンジニアリングする

好奇心は仮説の源です。

ＴＶで、ある企業の業績不振の報道を見たら「業績不振の要因は顧客数と単価のどちらだろう？」「競合の台頭による価格競争が要因かな？」と現状仮説を考えてみる。

新聞で、ある犯罪事件の記事を目にしたら「なぜ彼は犯罪を起こしてしまったのだろう

か?」「不安やストレスが原因だとしたら、それが放置されてしまったのは、社会から孤立していたからだろうか?」「人は孤独になるとおかしくなるから、大切な人との密なコミュニケーションは重要だな」と、犯罪者の立場に立って「現状仮説」と「戦略仮説」を考えてみる。

キュレーションアプリで、急成長しているテクノロジー系ベンチャー企業の事例を読んだら、「この業界のビジネスモデルは、自社業界と構造的類似点があるかもしれない」とアナロジー思考に挑戦してみる。

こうした仮説思考を習慣化させるために必要なのは、「社会や世の中に対する好奇心を持つこと」です。好奇心があれば「どうなっているのだろう? きっとこういうことかな? もっと知りたい!」という気持ちがどんどん湧いてきて、仮説思考が自然に始まります。

思えば子どもの頃は誰だって、毎日が好奇心で溢れていました。子どもにとって世界は新しい発見だらけで刺激的です。私たち大人は年を重ねるにつれて知識が増えていき、世の中のことを少しだけ理解できるようになります。しかし、世の中は私たちが考えている以上に、遥かに広くて深くて、生涯かけても到底理解しきれるものではありません。

知識が増えて思考力が高まれば高まるほど、世の中の構造が理解できるようになりますが、同時に、世界の深遠さに感嘆します。これだけ深遠で複雑な世界が成り立っているという奇跡に感動すら覚えます。

こうした世の中の素晴らしさに気づかずに、わかった気になって好奇心を失ってしまっているならば残念なことです。あるいは単純に、日々のタスクに追われて忙しい人が多いだけかもしれません。「忙」は心を亡くすと書きます。変化が速くタスクが多い現代ですから、心の余裕をなくしてしまうのは必然かもしれません。

そのような状況において、いきなり好奇心を持てと言われても難しいのでしょう。

もしあなたが「好奇心を失っているかもしれない…」と感じたならば、私のとても大好きなこの文章を、ぜひ音読してみてください。

心が変われば態度が変わる。
態度が変われば行動が変わる。
行動が変われば習慣が変わる。
習慣が変われば人格が変わる。

人格が変われば運命が変わる。
運命が変われば人生が変わる。

源流はインドの諺が発祥であるとか、アメリカの心理学者ウィリアム・ジェームズやマザー・テレサが語った言葉であるとか諸説ありますが、とても素晴らしい言葉です。ある著名なスポーツ選手が座右の銘として語っていますし、さまざまな書籍で引用もされています。含蓄がある素晴らしい言葉だと思いませんか？

いま好奇心がない方が、好奇心を持って仮説思考を習慣にするには、まず心と態度（姿勢）を変えなければなりません。

好奇心を持って生活しよう！　仮説思考をやってみよう！　と心に決め、兎にも角にも、仮説思考を始めてみてください（心が変われば態度が変わる）。

仮説思考を始めれば、仕事の進め方やマネジメント方法が変わりますから、時間に余裕が生まれます（行動が変わる）。

時間に余裕が生まれれば今までと違うやり方を検討したり、よりよい方法を考える時間が増えますから、ビジネスの成功確率がさらに高まります（習慣が変わる）。

ビジネスの成功確率が高まれば、周囲からより信頼されるので自信がつきます（人格が変わる）。

自信がある人のまわりには人が集まりますから、より大きなチャレンジや責任を任される機会も増えるでしょう（運命が変わる）。

大きな成果を挙げ続けたら思いもよらないオファーや、さらに大きなチャンスに巡り合うかもしれません！（人生が変わる）

人生が変わるほどの大きなチャンスに巡り会うかどうかはさておき、仮説思考は仕事の質とスピードを劇的に高め、ビジネスの成功確率を高めることは間違いありません。なので、大切なのはまず、心と態度を変えること。

世の中の商品・サービスに対して「これは誰が・いつ・どんな目的で作ったのだろう？」と好奇心を持ち、「そうなっているのは○○ではないか」「であるならば□□したらよいのではないか」と考える。すなわち、好奇心を起点に現状仮説と戦略仮説を考えるということを続けていきましょう。

これまでに仮説思考2.0の実践方法をいろいろとお伝えしてきましたが、最もシンプルに実践するならば、３Ｗと３Ｃで、好奇心を持って世の中を分解してみてください。

3W（Who, When,Why）で疑問を考え、3C（自社：Company・市場／顧客：Customer・競合：Competitor）で仮説を考えて世の中を分解します。

例えば、GINZA SIXを見かけたら、次のように考えます。

疑問：この施設は誰が（Who）・いつ（When）・どんな目的で（Why）作ったのだろう？

ファクト：

GINZA SIXはJ．フロント リテイリンググループの中核企業である株式会社大丸松坂屋百貨店、森ビル株式会社、L キャタルトン リアルエステートおよび住友商事株式会社の4社が共同出資により、GINZA SIXリテールマネジメント株式会社を設立し運営している。

会社設立は2015年2月2日で、GSIXのグランドオープンは2017年4月20日。

立ち上げに込められた想いは、日本の伝統形式をベースにした建築やデザインを採用し、銀座の新しい顔になるとの記載あり。

これらのファクトはGSIXのWebサイトから一瞬で集めることができます。

現状仮説：

百貨店ビジネスは苦戦していると言われている。特にユニクロやニトリのような低価格×高品質を打ち出している企業が一等地にも出店するようになり、シェアを奪われているだろう（競合視点）。それに対抗するためには百貨店1社では難しいため、グループ企業のノウハウを結集して対抗しているのかもしれない。GINZA SIXの本気度が伺える。また銀座には日本的デザインをベースにした大型商業施設はなかったので、そのポジション獲得を狙ったのだろう（自社視点）。

顧客ターゲットはハイクオリティや上質感を求める層で少なくとも40代以上か。日本的デザインを打ち出す背景には、増え続ける訪日外国人や2020年のオリンピックは当然意識しているだろう（市場・顧客視点）。

戦略仮説：

顧客ターゲットが上質感を求める層ならば、誘致店舗は中～高単価商材を扱う海外ブランド中心にしたほうがよいだろう。照明はやや暗め、音楽や内装はシックで落ち着いた雰囲気にしよう。繁忙時間は高級ジュエリー店のように入場規制を行ってもよいかもしれない。訪日外国人の取り込みを考えると、各フロアに英語や中国語対応が可能なコンシェルジュカウンターがあれば喜ばれるだろう。またグローバルスタンダードな電子マネー決済は必須にしよう…。戦略仮説は自由な発想で自分なりの実行施策を考えてください。思いっきり妄想しましょう。

なお、このように日常練習で構築した仮説の検証は、Ｗｅｂ検索・インタビュー・ディスカッションなどをほんの簡単に行うだけで十分です。ＧＩＮＺＡ ＳＩＸのＷｅｂサイトをもう少しだけ調べてみたり、ランチや休憩中の話題にしてみるという具合です。

ただし、Ｗｅｂ検索だけでもよいので必ず何らかの検証は行ってください。検証することで仮説が進化するのはもちろんのこと、検証で得られた知識が定着するので仮説思考の土台が大きくなっていきます。

このように世の中の商品やサービスに疑問を持ち、仮説でその構造を考えていくアプローチをリバース・エンジニアリング（RE：Reverse Engineering）と呼びます。リバースエンジニアリングとは、ある製品を分解してその製品の構造を分析し、そこから製造方法・製造技術・動作の仕組みなどを明らかにすることですが、仮説思考の訓練に応用できる考え方です。

私はこのリバース・エンジニアリングを、26歳で営業担当になってからずっと続けています。キッカケはマーケティングリサーチの新規顧客開拓でした。

リサーチは新しい商品を開発する前後で多く実施されるので、電車の中吊り広告やスーパーなどで新商品を見かけたらすぐにその企業名を調べ、調査提案のテレアポを行っていました。毎週100件以上のリストアップをしてテレアポをし、週に15件のアポイントに行き、またリストアップするという日々が1年半ほど続きました。ただ単に「リサーチしませんか？」と電話をかけて会ってくれるお客様はいません。なので、電話する前に新商品や商品広告から想像できる課題の仮説を3W3Cの視点で考え、その仮説を電話口で伝えながらアポイントを取得していきました。

例えば新しい家電製品の広告を見かけたら、「想定顧客は○○だろう。であるならば、その想定顧客の購入意向が、実際に高まっているかどうかを検証する調査ニーズがあるはずだ」や、「競合商品は□□だろう。であるならば、競合商品の利用者がこの商品をどのように評価するのかリサーチしたいはずだ」という具合です。

仮説の効力は抜群で、電話をかける前に三つの仮説を考えて臨めば、一つには必ず反応してもらえました。実際の商談では三つの仮説を改めて投げかけ、お客様との議論を通して検証することができたので、次回以降の仮説構築の精度が高まっていきました。

その結果、最初の半年はアポ取得率が10%程度だったと思いますが、後半は90%以上の確率でアポイント取得ができるようになりました。そして新規開拓を続けた1年半の最後の四半期で全社MVPを戴くことができました。

後に私は営業マネージャーや新人営業の教育担当を務めることになりますが、「アポイントの前には必ず課題の仮説を三つ考えなさい」と指導したのも、この成功体験がベースになっています。

あらゆる物事は必ず、誰かが何らかの意志や目的を持って創ろうと考え、その誰かが具体的に行動に移したことで世の中に存在しています。

その誰かに思いを馳せながら、好奇心を持って世の中をリバースエンジニアリングしていきましょう。続ければ必ず、自分の中に好奇心が生まれていることを実感でき、仮説思考が習慣化しはじめます。そして毎日がちょっと楽しくなります!

3. すべてのことを必ず振り返る

仮説思考の習慣化で大切なのは「すべてのことを必ず振り返る」ことです。

あらゆる施策や意思決定の結果を振り返るのはもちろんのこと、今日一日の過ごし方、今月の過ごし方、この一年・この三年の過ごし方というように、さまざまな時間軸で自分の過ごし方・生き方を振り返ってください。

振り返りはすなわち自己検証ですが、検証すれば「もっとこうすればよかった」「次はこうしよう」「これは上手くできたな」など、物事をよりよくするための気づきと学びが得られます。

この検証で得られた気づきと学びは、あなたの考える力を確実に成長させていきます。振り返りを続けていけば、きっと想像した以上に自分の考える力＝すなわち仮説思考力が身につくことが実感できます。

私は飲み過ぎた日は別として、寝る前には必ずその一日を振り返っていますが、振り返りの視点は非常にシンプルで、次の三つです。

- 今日感じたこと　　↓自分の心を考える
- 今日上手くできなかったことと対策　　↓自分の課題と解決案を考える
- 今日成長したと思えること　　↓自分の成長を考える

今日という一日が楽しかったのか、しんどかったのか。

上手くできなかったことは何か。「少し感情的に部下を叱責してしまったから、次からは叱る前に深呼吸をしよう」。

上手くできたことは何か。「講演が上手くいった」「会議でよい議論ができた」「キャベツの千切りが上達した！」など、中味は何でもよいと思います。

そのように考えた理由（現状仮説）と、そして次もこうしよう・次からはこうしよう（戦略仮説）、ということをセットで毎日振り返ることが大切です。

力んで振り返る必要はなく、ストレスにならないように、リラックスしてぼんやり考えるくらいでちょうどよいと思います。私は入浴が大好きなので、湯船に40度のお湯を少し多めにいれ、顎先くらいまで浸かりながら「今日はこんな感じだったな」と考えることが習慣になっています。

この三つの視点での毎日の振り返りは、自分が営業マネージャーとして10名前後のメンバーを持っていた時に、メンバー全員に必須化していました。

1日の終りに「今日のつぶやき」というタイトルで感じたこと・上手くできなかったこと・成長したことをメンバー全員が受信しているメーリングリストに投稿させていました。

図20　自分史

年月	印象に残っている出来事	出来事にまつわるストーリー	肯定的体験	否定的体験	出来事から学び・気づき	強み・弱みの抽出
1992	マラソン大会	小学校4年・5年生の時に、マラソン大会で優勝。嬉しかった気もするが、特に努力もしていなかったので、そこまででなかった気もする。	1		意志や努力が伴わない成果には喜びが少ない	
1994	中学2年の合唱コンクール	放課後もすごく練習したが結果は4クラス中で3位。努力が報われず失意に沈んでいた僕達に対して担任の先生が「私の中ではあんた達が一番で金メダルです。」と言ってくれて非常に感動した。	1		言葉の力	
1996	高校バスケットボール部	なぜか練習に身が入らずバスケットボールが全然上手くならない。顧問に「お前は死んだ魚のような目をしている」みたいなことを言われた。		1	言葉の暴力。 そして言葉によって人はやる気をそがれ、心を閉ざすということを学んだ。	そもそも上手くなりたい・勝ちたい、という気持ちがあまりなかったので、高校2年生くらいから練習をサボり出す。飽きっぽい。
1998	1人暮らし	一人暮らしを始めてから、自分のお金で生活をしていくことの大変さと親への感謝を実感する。思えば、大学生活になるまでお金で苦労した経験もなければ、親が苦労している姿を見たことがない。	1		親への感謝	
1999	友人との旅行三昧	友人達と日本全国を車で回ったり、カンボジア・インドに行ったりととにかく旅行三昧な日々	1		車でいろんな土地を移動している感覚が好きだった。一つの場所に留まることなく、ずっと流れている感覚は好きだと思う。流れ行く景色を見るのも好き。	変化を楽しむ心
1999	アルバイト	アルバイトの昇格試験で合格。バイト先の店長と握手をした感触と、同僚が泣いて喜んでくれたことをとても覚えている。	1			同僚と一緒にどちらが早く昇格するのか競っていた。自分が先に昇格できたが、要因は勤務時間の多さと日々の学ぶ姿勢。
2004	無印良品浦和センチュリーシティ	近隣のマンションに自らチラシを作ってポスティングをし、一部屋丸ごと無印良品でコーディネートするという大型モデルルーム案件を受注	1			新しい発想で売上の創出。新規開拓の行動力。
2005	マクロミルへ転職	起業をするために、営業力を身につけること・経営を学ぶこと・とにかく成長することという漠然とした目的で、マクロミルへ転職。	1		転職する前に、やりたいことや転職に関する本を数十冊読んだと思う。本田健さんの「大好きなことをしてお金持ちになる」にとても感銘を受けた。	決断力
2007	MGR昇格審査で2回落選	上長には推薦してもらったものの、周囲の反対があってMGRへの昇格を　2回見送られる。		1	モチベーションが下がって転職を考えたが、同時に周囲への配慮が足りない自分の仕事の進め方の稚拙さに気づく。	独りよがりな視点
2011	上海へ赴任	上海にマクロミルチャイナ（明路市場調査）を立ち上げる激動で感動の日々を経験。新しいチャレンジばかりで非常に刺激的だった。日々、達成感と成長実感があった。	1		何もないスタートだったが、すべてが手作りで新しく経験することばかりの毎日はエキサイティングだった。困難なミッションへの挑戦はワクワクする。	変化を楽しむ心、0から1を創る力、マルチタスク力
2012	ソウルへ赴任	社員数が150名を越える韓国企業へ、日本人2名で経営再建のために赴任。言葉や商習慣の違い、経営責任の重さに苦しむ。黒字化という成果は出たものの、幸福感は少ない時期だった。	1	1	同じ志を持って、共通の目標に向かう同僚の大切さ。共通の言語も重要。	経営視点の獲得

今ならばＬＩＮＥグループを作って実施するイメージせですね。

ただ、毎日振り返っているだけでは振り返りの視野が狭くなってしまうので、毎月・毎四半期・毎年のという長い時間軸で振り返ることも忘れないようにしましょう。

また、私の例で恐縮ですが、仕事の振り返りは社会人になってから、毎四半期単位では必ず実施しています。30歳を超えたあたりからは、年に１〜２回は自分史というフォーマットを活用して自分の人生を振り返っています。（図20）

自分史の作成方法ですが、生まれてから現在までに経験した出来事の中で、自分にとって印象的な出来事・経験をすべて記載していきます。そしてその出来事・経験から自分が何を感じたのか、どんな学びがあったのか、それはポジティブなのかネガティブな経験だったのかなどを記入していきます。

自分にとって印象的かどうかを基準にピックアップするので、たとえ大会で優勝や目標の大幅達成のような出来事があったとしても、自分にとってあまり印象的だと感じられなければ記載しなくて構いません。

反対に、道端でゴミ拾いをしているお爺さんの姿が妙に印象に残っているということであればそれを記載しましょう。ちなみに図は抜粋版ですが、私の手元にある２０１８年までの中野崇39歳の自分史は72行です。

幼い頃の記憶は曖昧なので、どうしても直近のものが多くなりがちですが、その年によって印象的な出来事の数に大小があるので面白いものです。

私がこの自分史を創ろうと思い至ったのは、30歳を過ぎてこれからのキャリアや人生をどうしていこうかと考えた時、これからやりたいことや、今の自分ができることを上手く話せないことに気がつき、非常に不安になったからです。

思えば日々の仕事や責任に追われ過ぎていて、自分のことがわからなくなっていましたし、心身ともに疲労が蓄積していました。健康診断の結果が軒並み悪くなっていたことも影響していたと思います。

そこで自分を取り戻すために…と言うとちょっと大袈裟ですが、改めて自分を見つめ直して、生き方を修正したい。そのためには自分をもっと知る必要があると考えたのです。

例えば、経歴的にはポジティブに見える体験も、自分の内なる声に耳を傾けて振り返ると、ポジネガ両方の解釈があり、多面的に解釈をすることで自己理解が深まっていきます。

この取り組みによって自分の強みや弱みが明確になりましたし、自分の心を動かす出来事がどんなものであるかが理解できるようになりました。

私にとって心が動くキーワードは「知的好奇心が刺激されていること」「新しい変革が求められていること」「尊敬している人に囲まれていること」などです。

ここで抽出されたキーワードもいわば仮説ですが、この視点で改めて人生を振り返ってみると、自分がイキイキしている時期はこの三つが当てはまっていることが確認できたのです。

この視点を発見してからは、○○に使う時間を半分にする・飲み会の2次会は行かないというルールを決めて、可能な限り自分の心が動く時間、モチベートされる時間に身を置くよう時間の使い方を工夫しています。

忙しい現代においては、「自分を知り、自分を大切にする」ということが一番難しいように思います。仮説思考は日々の業務の質を高めるだけでなく、自分の人生を納得いくものにする、人生の質を高めるキッカケになります。

仮説思考の最大のメリットは「自分の人生を豊かにしてくれる」ということなのかもしれません。

おわりに

「そもそも世界のすべては仮説でできている」と言ったら皆さん驚かれるでしょうか。

有名な「天動説と地動説」の例から考えてみましょう。大雑把に言うと、天動説は「地球は宇宙の中心にあって、太陽や月や星が、この地球の周りを回っている」という考え方であり、地動説は「地球やその他の惑星が太陽の周りを回っている」という考え方です。今では常識として考えられている地動説ですが、16世紀にコペルニクスが地動説を主張するまでの約１５００年もの間は天動説が常識でした。コペルニクスが唱えた地動説は天動説と考え方が１８０度違うものであり、世の中の価値観を一気に変革しました。いわゆるコペルニクス的転回です。

物質の最小単位についても、１９６０年代にクォークが発見されるまで、原子核を構成する陽子と中性子だと考えられていました。実は私たちが真実や常識だと思っているものは「ある科学者や研究者の仮説が、実験や観測によって確からしいと証明され、その証明に多くの専門家が同意している、現時点の最善の仮の答え」なのです。どこまでいっても仮説なのです。科学は数えきれない仮説構築とその検証を繰り返し、世界の理解を深め、世の中を進化させてきました。中には稚拙な仮説もあったでしょう。しかしそれでも、仮説なくして前には進めないのです。

これはビジネスにおいても同様です。仮説構築とその検証がビジネスを前進させるのです。

本書では仮説思考2.0という野心的なタイトルをつけていただきました。仮説思考2.0は現状仮説と戦略仮説をセットで考え、筋のよい仮説を量産する思考方法です。

ビジネスが高速化し、競争がグローバル化している現代において、課題をスピーディに解決し続けなければ時代に取り残されてしまいます。従来のように現状把握をしてからじっくり解決策を考える、というスピード感ではもう間に合わないという危機感を常々持っていたところ、本書執筆のお話をいただきました。筋のよい仮説を量産するための考え方・視点の持ち方・具体的なテクニックをお伝えしたつもりですが、本書が読者の皆さんの仕事の質とスピードを高めることにつながることを願っています。

最後に、私の思考の整理を助けて下さったすばる舎の吉田さん、書くことの喜びを伝えてくれた父・洋一と書く素養を育んでくれた母・美穂子、妊娠中にもかかわらず執筆をサポートしてくれた妻の妙子、そして出版にかかわってくださったすべての皆さまと、最後まで読んでくださった読者の皆さまに、この場を借りて御礼を申し上げます。本当に有難うございました。

2019年1月吉日

中野 崇

【著者紹介】
中野 崇（なかの・たかし）

株式会社電通マクロミルインサイト　代表取締役社長
株式会社マクロミル　シニアバイスプレジデント（上席執行役員）

早稲田大学教育学部教育心理学専修卒。大学卒業後は株式会社良品計画で店舗マネジメントに従事し、2005 年にマクロミルへ入社。幅広い業界への営業・営業企画を経験した後、2011 年にマクロミル初の中国進出であるマクロミルチャイナ（上海）の立ち上げに参画。2012 年にソウルへ赴任し、子会社化したマクロミルエムブレインの取締役に就任し経営再建に従事。2013 年 6 月に日本へ帰任後は、事業戦略本部長として中期事業戦略の立案、セルフリサーチ事業（Questant・ミルトーク）やマーケティング部門の立ち上げ、グループ共通の Mission/Vision/Values の策定などを経て、現在は電通マクロミルインサイトの代表取締役社長を務める。

著書は『マーケティングリサーチとデータ分析の基本』（すばる舎）。データ×マーケティングコミュニケーション×事業立ち上げに関する講演多数。ベンチャー企業・NPO 法人へのアドバイザリーなども行っている。
※書籍の感想や各種ご相談事項は、Facebook までお気軽にご連絡ください。
　https://www.facebook.com/everyday.wonderfuldays

BookDesign：内川たくや（ウチカワデザイン）
トレース　：クリィーク

実践 仮説思考 2.0

2019 年　1 月 23 日　第 1 刷発行

著　者――中野 崇
発行者――徳留慶太郎
発行所――株式会社すばる舎
〒 170-0013 東京都豊島区東池袋 3-9-7 東池袋織本ビル
TEL　03-3981-8651（代表）03-3981-0767（営業部直通）
FAX　03-3981-8638
URL　http://www.subarusya.jp/
振替　00140-7-116563
印　刷――株式会社シナノ

落丁・乱丁本はお取り替えいたします
©Takashi Nakano 2019 Printed in Japan
ISBN978-4-7991-0784-3